アニメと戦争

藤津亮太

日本評論社

アニメと戦争

はじめに

戦争の本質は、実は少年たちの「戦争ごっこ」の中に根ざしている。十歳や十五歳の少年が、戦争ファンであるあいだ戦争はなくならない。
少年たちが成長するように、彼らの「戦争」もまた成長していくのだから。
——寺山修司『さかさま世界史』より

総務省の人口推計によると、二〇一八年一〇月一日の時点で、日本の総人口のうち戦後生まれが占める割合は八三％を越えているという。日本人にとって、いわゆる第二次世界大戦は教科書の中の出来事となり、身近なものではなくなりつつある。このままリアリティを欠きながら「戦後」という言葉が永らえていくのか、それともそうではなくなるのか。いずれにせよ日本人は、戦争がはるか遠くになった「戦後」という宙吊りの時間を生きているのだ。

戦争体験を持たず、周囲に戦争体験者も稀になった多くの日本人にとって、戦争はメディア体験を通じて知るものとなった。教科書をはじめ、TV番組や映画など、エンターテインメントを含むさまざまな作品が、大半の日本人の〝戦争体験〟を構成しているのである。

アニメもまた、時代の変化の中で〝戦争〟を描いてきた。それは時に戦意高揚のためのプロパガンダであったり、時にヒロイックな高揚感に訴えるロボットアニメであったりした。本書は、アニメにおける「戦争」がどのように描かれてきたのか、その変化を、戦中から現在にかけて追っていく。そこでは現実の戦争も架空の戦争も、作り手の戦争というものへの距離のとりかたの反映として、同じ地平の上に並ぶことになる。

本書は、三つの〝地図〟を組み合わせながら進行していく。

まずひとつめの地図は、歴史学研究者の成田龍一による、日中戦争やアジア・太平洋戦争の語られ方による時代区分だ。成田は著書の中で戦中から現在までを、語られ方の変遷に従って四つの時期に分け、それぞれ「状況」の時代、「体験」の時代、「証言」の時代、「記憶」の時代と命名している。アニメにおける太平洋戦争の扱いもまた、こうした「語り」の変化と連動している。

そこで第一章はまず『ゲゲゲの鬼太郎』のエピソード「妖花」を取り上げて、アニメにおける「戦争の語りの変化」を追う。『ゲゲゲの鬼太郎』は、最初のアニメ化から半世紀以上が経過している長寿作品で、これまでに全六シリーズが制作されている。そして「妖花」は、その間に五回アニメ化されている。このようにひとつのエピソードが一〇年以上の時を隔てて幾度もアニメ化されるケースは非常に珍しい。それだけに各年代ごとにどのようなアプローチでアニメ化されたかを、成田の時代区分を念頭に置きながら検討していくには絶好の題材といえる。

この時代区分を意識した上で、第二章では『桃太郎　海の神兵』に代表される戦中のアニメを取り上げ、第三章では一九六〇年代の『サイボーグ００９』などのＴＶアニメにおけるアジア・太平洋戦争の扱われ方に触れる。第三章で焦点となるのは一九三〇年代に生まれた「少国民世代」のスタッフの存在で、第四章ではその「少国民世代」の戦争に対する感覚が一九七四年の『宇宙戦艦ヤマト』の成立に深く関わってくることを解説する。

第三章から第四章の間には、時代の変化だけでなく、実在の戦争から架空の戦争へという大きな変化がある。この変化は第五章で取り上げる『機動戦士ガンダム』の登場でさらに決定的なものになる。

ここで成田の時代区分を参照するだけでなく、新たに二つの〝地図〟が必要となる。

二番目の地図は、アニメの表現に関するもの。アニメの中で戦争を描くということは、ある程度のリアリズムが求められるということでもある。では、そのリアリズムは何を根拠にアニメの中に導入されることになるのか。本書では、「写実」のベクトルと「記号」のベクトルを直行させた概念図を使うことで、第二章の『桃太郎　海の神兵』、第三章の『ゼロ戦はやと』、第四章の『宇宙戦艦ヤマト』といった作品のメカニック描写がなぜ〝リアル〟なのかを位置づけていく。

そして三番目の〝地図〟は、アニメが描く戦争をマッピングした図だ。この図は縦軸に「歴史的／非歴史的」、横軸に「集団的／個人的」をとる。縦軸は、日本人にとって特別大きな意味を持つアジア・太平洋戦争からの距離を現している。横軸は、そこで語られる戦争が「集団的＝私たちの物語」として語られているか、「個人的＝主人公の・私の物語」として語られているか、を現している。この図を使うことで『宇宙戦艦ヤマト』と『機動戦士ガンダム』の距離は、「歴史的／集団的」なゾーンから、「非歴史的／個人的」なゾーンへの転換として視覚化されることになる。

第六章と第七章では、一九八〇年代を取り扱う。第六章では『ガンダム』以降に増加した、戦記ものの要素を持つロボットアニメを取り上げ、その中でも際立った存在である『超時空要塞マクロス』を論じる。『超時空要塞マクロス』は「ポスト戦後」ともいわれた一九八〇年代という時代の空気を、ダイレクトに反映した作品だからだ。『マクロス』は『ガンダム』以上に、「非歴史的／個人的」な作品だ。成田の時代区分は「誰もが体験した太平洋戦争の語られ方」を想定しているが、アニメにおける「戦争」を追っていくと、そこが次第に後景に退き、「非歴史的」で「個人的」な語りへと変化していく。本書ではこれを戦争のサブカルチャー化と呼ぶ。そして『マクロス』はサブカルチャー化していく戦争の象徴的存在でもある。

そして第七章では、そのような『超時空要塞マクロス』に対して、カウンター的なポジションをとる『メガゾーン23』『火垂るの墓』『FUTURE WAR 198X年』を取り上げる。また実際の戦争体験を戦争未体験世代に伝えようとする、「証言」の時代らしい作品群にも触れる。一九八〇年代が、戦争のサブカルチャー化が進行する一方で、戦争体験をアニメで語り継ごうという動きが共存する混沌とした状況であったことが、三つめの地図の上で俯瞰されることになる。

第八章は一九九〇年代に入り。冷戦終了の世界情勢の影響を受けた作品として『紅の豚』と

『機動警察パトレイバー2 the Movie』を取り上げる。『紅の豚』は直接戦争を描いている作品ではないが、宮崎駿監督は、制作当時におきたユーゴスラビアの紛争にショックを受けたと、インタビューで語っている。一方で『機動警察パトレイバー2 the Movie』は、湾岸戦争後の自衛隊の海外派遣といった社会情勢を踏まえ、日本の戦後社会を改めて問い直している。アジア・太平洋戦争から遠く離れてしまった日本が、戦争が存在する世界と改めて向かい合わざるを得なくなったという政治的変動。ここではその影響をアニメが受けているのである。

第九章は一九九〇年代半ば以降から現在に至るまでの戦争を扱った作品を取り上げる。そこでは美少女とミリタリー要素を組み合わせたいわゆる〝萌えミリ〟も大きな部分を占める。〝萌えミリ〟は、一九八〇年代に本格化した戦争のサブカルチャー化の、ひとつの到達点だ。また『ヤマト』『ガンダム』『マクロス』といったシリーズ作品のその後の変遷や、アニメの中で自衛隊がどのように取り扱われてきたかもここで触れる。

第一〇章は、二〇一〇年代になってから、アジア・太平洋戦争を題材に作られた『風立ちぬ』と『この世界の片隅に』を論じる。一九六〇年代のTVアニメや一九八〇年代の戦争体験を伝えるためのアニメ映画とどのように異なるのか。これもまた三番めの地図の上で明らかになる。戦後七〇年を越えた「記憶」の時代において、当時を生きた人間を描くこの二作はどのように戦争を扱ったのか。

本書は以上のような構成で、アニメがどのような形で戦争という厄介な存在を表現してきたのか、その変遷を追い、各作品のアプローチを解き明かしていく。それはストーリーの位相と表現の位相が折に触れて交錯するアニメ史という形で綴られるだろう。

なお本書では、日本政府が「今次大戦」と呼ぶ一九四一年から一九四五年まで日本が戦った戦争については、アジア・太平洋戦争と表記する。その上で、一九三七年から中国大陸で行われた戦争を指す場合は日中戦争、一九三九年から始まったヨーロッパでの戦争を含む場合は第二次世界大戦と表記する。

アニメと戦争　目次

I

『ゲゲゲの鬼太郎』という〝定点〟

「妖花」が生まれるまで

アニメはどのように戦争を描いてきたのか。この問いについて考えるために、まず『ゲゲゲの鬼太郎』の「妖花」というエピソードを取り上げることから始めたい。

漫画『ゲゲゲの鬼太郎』の「妖花」はわずか一五ページの短編だ。ある女性の住まいのベランダで鮮やかに咲き誇り始めた妖しい花が、実は戦死した父と関係があったことがわかるというシンプルなこの短編は、過去五回アニメ化されている。それぞれのアニメ化へのアプローチを見ると、時代の変化の中で戦争の描き方も次第に変化してきたことが、そこにはっきりと刻まれている。

そもそも『ゲゲゲの鬼太郎』の原作者である水木しげるは太平洋戦争と深い関わりがある。一九二二年生まれの水木しげる（本名・武良茂）は、一九四三年に応召された。日大付属大阪中学夜間部三年生だった二一歳のときのことである。そして同年一〇月、水木は日本軍が占領した、オーストラリアの委任統治領パプアニューギニアのニューブリテン島へと配属される。

水木は歩兵二二九連隊の所属となり、一九四四年の四月末には、ズンゲン守備隊のバイエン分遣隊の一員として、海岸線の守備に当たることになった。五月下旬、連合軍の急襲によりバイエン分遣隊は水木ひとりを残して全滅する。数日を経て、ようやくバイエンに戻った水木は中隊長から「みんな死んだのにどうしてお前は死ななかったのか。次は真っ先に死ね」と叱責された。このことは水木の戦争観、軍隊観に決定的な影響を与えることになったという。その後、水木はマラリアを病み、さらにそこに爆撃を受けて左腕を失う。そして一年以上をラバウル近郊で施設を転々としながら過ごすことになった。

一方、水木の属したズンゲン守備隊（第二次ズンゲン支隊）は〝幻の玉砕事件〟を起こしていた。一九四五年三月一七日、成瀬支隊長は「全員最後の斬り込みを敢行する」と打電。それにより第三八師団司令部はズンゲン支隊は総員玉砕したと認識していたが、その後、ズンゲン支隊の敗残兵が一四〇名近くも発見されるという事態が発生した。

これは部隊内での対立が背景にあった。支隊の中で「総員玉砕」を主張する成瀬支隊長と「山中での遊撃戦」を主張する児玉中隊長の意見が正面からぶつかったのである。そこで児玉中隊長は五十余名を連れ、〝最期の切り込み前〟に山中に入ったのだった。そこに〝最期の切り込み〟で生き残った将兵が合流し、多数の敗残兵となって現れたのだ。

ズンゲン支隊の「総員玉砕」は〝ラバウル一〇万将兵の亀鑑〟としてすでに称揚されていた。そのため敗残兵はこの状態の責任をとることになった。山中でマラリアにかかり自決した児玉中隊長に代わって、将校二人が自決させられることとなった。生き残った将兵はヤンマー守備隊に配属されたが、〝次の戦闘で突撃し戦死することが望まれている〟という空気だったという。運良く生き延びた水木だったが、彼が生きた戦場とはそのような場所だったのだ。

戦後、水木は紙芝居画家を経て、一九五八年に貸本漫画家としてデビューする。さまざまなジャンルの作品を描きながら、水木のバックボーンにはこのニューギニアでの戦闘体験が抜きがたく残っていた。水木は、画業につく以前の一九四九年から「ラバウル戦記」と題してわら半紙に戦争体験をスケッチしており、後にこの絵は『水木しげるのラバウル戦記』(筑摩書房)の中にまとめられている。また水木は貸本時代から戦記物も手掛けていたが、一九七三年には、ズンゲン支隊の顛末をもとに、水木曰く「九〇%真実」という漫画『総員玉砕せよ!! 聖ジョージ岬・哀歌』(講談社)を描き下ろしている。貸本の戦記漫画ではあくまで「戦記」の枠を踏み出さなかった水木だが、『総員玉砕せよ!!』で彼は大きく一歩を踏み込み、自らの知る〝真実の戦場〟を描いたのだった。本作は水木の代表作のひとつとして知られている。

水木はこのように自らの戦争体験と向かい合ってきた作家だ。だから彼の代表作のひとつ『ゲゲゲの鬼太郎』にアジア・太平洋戦争を扱ったエピソード「妖花」が登場するのは極めて自然なことといえる。

原作の「妖花」

『ゲゲゲの鬼太郎』は複雑な出自を持つ作品だがここで詳しくは触れない。水木は貸本時代から『墓場鬼太郎』を執筆しており、「週刊少年マガジン」に初めて同シリーズが掲載されたのが一九六五年。そして一九六七年から本格的に連載がスタートし、一九六八年にはアニメ化に先行して『ゲゲゲの鬼太郎』と改題された。『ゲゲゲの鬼太郎』は一九六八年一月からTVアニメがスタートし、大ヒット作となった。「妖花」が発表されたのはそんな一九六八年の「週刊少年マガジン」三月三〇日号だった。

両親のいない女性・花田花子の安アパートのベランダに、今年もまた不思議な花が咲き誇っていた。どうやらこの花は南方に咲くものらしい。それがどうしてこのベランダに。その謎を知るため、花子はねずみ男にそそのかされて妖怪ポストを使って鬼太郎に手紙を出す。花子の依頼を受けた鬼太郎は、花子をともなって花のルーツを探すためにと、蛤船（ハマグリの形をした船）で出発する。

妖気を手がかりにある島に上陸すると、そこには太平洋戦争の痕跡が残っていた。ジャングルを進んでいくと、やがて妖花の種を撒き散らしている大木が見つかる。その根本を掘り返すと白骨が出てきた。指には「花田」と大きく書かれた指輪がある。それは二三年前に死んだ花子の父だった。南の島で死んだ父の思いが、花の種を花子のもとへと送らせていたのだった。鬼太郎たちはその白骨を手厚く葬る。

異国の地で死んだ父親の娘への思いがシンプルに描かれ、素朴な力強さがある。しかし、短かさゆえに強引な展開があるところも無視はできない。木の下の白骨が花子の父であるということがわかる決め手は、白骨の指に残った指輪。この指輪は、本来なら宝石がはまるであろう場所に、「花田」とはっきり名前が刻印されているのである、そんな指輪は現実には存在しないし、そもそも男性が指輪をしているのは、当時としてはかなり不自然な状況でもある。

また現代の視点から注目したいのは、そこで言及されている「戦争」について、作中では

「どういう戦争なのか」が特に説明されない点だ。戦争について具体的に言及している台詞は以下の三つだけだ。

「どうもむかしこの島で戦争があったらしいな」

「むかしの日本兵の白骨らしいな」

「二十三年前に戦争で亡くなった私の父です！」

「二十三年前」という台詞は、一九四五年からちょうど二三年目、つまり原作掲載時点の一九六八年を指している。つまり「妖花」は〝現在の出来事〟として描かれているのである。そこで「戦争」について説明があまりないというのは、この時点で「戦争」がアジア・太平洋戦争を指しているということは、読者にとって自明であり、わざわざ説明する必要がなかったからだろう。

この原作「妖花」は第一シリーズでさっそくアニメ化されている。

第一シリーズの「妖花」

アニメ『ゲゲゲの鬼太郎』は、この第一シリーズを皮切りに、これまで六シリーズが制作されている。第一シリーズと第二シリーズ（一九七一年）こそ続編の体裁をとっているが、その後の四シリーズは、すべて独立した内容で、キャスティングや鬼太郎を取り巻く設定などもシリーズごとに異なっている。このため人気妖怪が登場するエピソードなどは、シリーズごとにその都度脚色されて何度も取り上げられている。また、シリーズごとに作品のテイストが大きく変化するのもアニメ『ゲゲゲの鬼太郎』の特徴で、「怖さ」に軸足をおいた怪奇性と、「妖怪とのバトル」に軸足をおいたエンターテインメント性の間でバランスをとりながら、各シリーズは形作られている。第一シリーズ第三二話「妖花」は一九六八年八月一一日放送。八月放送となったのは、やはり一五日の終戦記念日を意識したものだったのだろう。

アニメ化にあたって全体の展開はほぼそのままだ。前半では、花子がハモニカで吹く「埴生の宿」に導かれるように妖花の種子が飛んでくるという叙情的な要素が加わり、花子と妖花の間になにか因縁があるらしいという部分が強調されている。また鬼太郎たちが訪れた南の島では妖怪の小鬼が顔を見せて、視聴者を飽きさせないような工夫もされている。もっとも小鬼たちはさほどストーリーには絡むことなく退場する。

しかし物語の結末部分については、原作によく似ていながらも大きなアレンジが加えられている。

南の島についた鬼太郎と花子たちは、森の中を進み妖花の木のもとにたどり着く。妖花の木の導くままに根元を掘ると、そこには洞穴が広がっていた。洞穴の中に入ると、そこは壁がレンガで作られており、どうも防空壕のようでもある。進んでいくと地下に広がる木の根元にいくつもの白骨があり、名前が刻まれた指輪から、その中の二つの骸は花子の父と母であることがわかる。

白骨の両親を前に花子は語る。「(両親は)二三年前、戦争で亡くなりました。生まれたばかりの私は輸送船で日本へ。でも、父と母は大勢の人たちと一緒に玉砕したんです」。

鬼太郎は白骨のそばにあった手帳を拾い、花子に手渡す。そこには父と母の花子にあてた遺言が書いてあった。映像はここから回想となり、洞穴の中にいる日本人たちの様子を映し出す。そこには一等兵である花子の父だけでなく、国民服姿の男性に着物で姉さんかぶり——おそらくもんぺも履いているだろう——の女性や子供の姿もある。手帳に鉛筆を走らせる花子の父。その映像に両親の声が重なる。

「花子　お父さんたちは今、この洞穴に入ったところだ。もう二度と太陽を見ることはできまい。もう二度とお前に会うこともあるまい。さようなら花子。笑うとエクボのでる赤いほっぺたにさようなら」（父）

「さようなら花子　いつまでも幸せにね」（母）

この台詞が終わるとともに、爆発が花子の両親を包み込む。

妖花の原因となったのが「南方に行って戦死した父」ではなく「子供を内地に避難させて玉砕した両親」になったことで、どのような違いが生まれたのか。

まずこれによって原作では強引だった小道具の指輪の扱いが、比較的自然な形で取り込まれることになった。ただし、指輪にそのまま名字が刻印されているという点は原作のままである。

また原作の漠然とした「南方」に比べて、少しではあるが「南の島」の具体性が増している。映像中で「南の島」について直接固有名詞が示されるシーンがあるわけではない。しかし河にワニの姿があり、洞穴で玉砕する人々は民間人である。こうした条件から考えると、一九二〇年から日本の委任統治領で、民間人の玉砕が多くみられた北マリアナ諸島のサイパン島あたりを念頭においていたのではないかと推測できる。

もちろん当時のアニメは、一部の例外を除けば現実の固有名詞を積極的に取り上げることはない。しかし作り手(脚本:辻真先、演出:白根徳重)がなんらかの具体的な場所を参照しつつ細部を決めているのは間違いない。結果としてここでは、原作よりもより踏み込んで、戦争に巻き込まれた庶民の悲劇が描かれることになった。

一四年後に再び映像化された「妖花」

一九七一年からスタートした第二シリーズは第一シリーズの続編という体裁のため第一シリーズでアニメ化された「妖花」は取り上げられなかった。

次に「妖花」がアニメ化されるのは一九八五年からスタートした第三シリーズの第七一話「妖花の森のがしゃどくろ」(一九八七年三月二一日放送)になる。この第三シリーズは、怪奇色が濃い第一シリーズ、社会的なテーマを取り込んだ第二シリーズとはカラーを大きく替え、アクションを中心にエンターテインメント性を強調した内容で、『鬼太郎』の存在を改めて子供たちに認識させる大きな役割を果たした。

「妖花の森のがしゃどくろ」は、南の島で妖花が種を撒き散らすシーンから始まる。森の中にはカメレオンやカラフルな鳥、小型霊長類などが描かれており、のちの台詞に「赤道に近い位置」という言葉があることから、第一シリーズの舞台と思しきマリアナ諸島とは異なり、むしろボルネオ島など東南アジアを意識した描写と推測される。

　また南の島に上陸しようとすると、鬼太郎たちを墓荒らしと誤解した妖怪・がしゃどくろが戦いを仕掛けてくるアクションが盛り込まれている。このあたりはアクション性に力を入れた第三シリーズらしいアレンジだ。

　ゲストキャラクターの名前は増田華子。原作の花田花子から名前が改められているが、薄幸そうな美人というキャラクターデザインはむしろ第一シリーズよりも原作に近い。

　アパートに住む華子の自室にある日、不思議な花が咲くようになる。またそれとともに彼女の夢の中にもその花が出てくるようになった。鬼太郎を頼った華子は、南の島に到着し、妖花の根元を掘り返すと、白骨とともに名前が刻まれた懐中時計が出てくる。懐中時計の名前から、それが華子の会ったことのないおじであることがわかる。やがて華子の前におじの幽霊が姿を現し、血縁者が自分のもとを訪ねてくれたことの礼を言い消えていく。

　本作のポイントは、華子は父親から「おじさんは戦争にいって行方不明になった」という話を聞いていただけで、華子と戦死したおじの間に面識がないことだ。どうして原作と同じように父親の白骨としなかったのか。

　第一に年齢の問題が考えられる。作中で描かれるのが当時の「現在（一九八七年）」と考え、華子の年齢を仮に二五歳とすると、華子は一九六二年生まれとなる。一九六〇年の平均初婚年齢、平均出産年齢から大雑把に父が二八歳のときの子供だと仮定すると、父親は一九三四年生まれとなり、一九四五年にはまだ一一歳で兵隊にいく年齢ではない。しかし、年の離れた兄（華子の伯父）であれば応召されていても不思議ではない。

なお、このキャラクターはエンディングのクレジットでは「増田」と名字のみで表記されており、『アニメ版ゲゲゲの鬼太郎完全読本』（講談社）では〝叔父〟と表記されている。華子の父親よりも年齢が低いというのは、年齢設定的に苦しいので、これは〝伯父〟の誤記ではないかと思われる。

第二に、本作の主題が「忘却に抗うこと」と設定されているからだ。日本にまで種子を飛ばしている原動力となったのは戦死者の「自分を忘れないでほしい」という思いである。この戦死者の「忘れないでほしい」という思いは、作中で目玉おやじも「近頃は戦争があったことを知らないものもいる」といった台詞で代弁している。終戦から四〇年が経過したことで、原作の「戦死した父の娘を思う気持ち」が〝現在〟のドラマとして成立しづらくなり、そのかわりに導入されたのが「忘却に抗うこと」という主題だった。この主題は、華子とおじの間に面識がないからこそ、より普遍性をもって視聴者に迫る内容になっている。

アジア・太平洋戦争の語り方

第一シリーズと第三シリーズの語り口の変化は、誰が誰に「戦争」を語るのか、という構図の変化がもたらしたものだ。歴史学研究者の成田龍一は『「戦争経験」の戦後史』（岩波書店）

で、日本における、アジア・太平洋戦争の語り方の違いに基づいて、次のような時代区分を提唱している。

まず一九三一年～一九四五年は、戦争が「状況」として語られた時代だ。これはいうまでもなく満州事変から第二次世界大戦の終了までの時期であり、ニュースなど時事の話題として戦争が語られた時代である。

次の一九四五年～一九六五年は「体験」の時代である。戦争体験を持った世代が、同じような体験をした世代に語りかけていくことが「戦争を語ること」の中心だった時代である。例えばこの時期の映画を見てみても、『独立愚連隊』（岡本喜八監督、一九五九年）、『拝啓天皇陛下様』（山田洋次監督、一九六三年）といった作品の軍隊の描き方、戦後を舞台にした『秋刀魚の味』（小津安二郎監督、一九六二年）での軍隊の思い出の描き方に、戦争体験世代に向けた語りを見ることができる。

これが一九六五年から一九九〇年になると、戦争を体験していない世代がぐっと増加してくる。そこでの「戦争」は、体験者が体験を共有していない相手に語りかけていくものとなる。これが「証言」の時代である。

そして一九九〇年以降は「記憶」の時代である。ここで記憶というのは「個人の記憶」を指しているわけではない、戦争体験を持たない人々が多数を占めるようになった中、さまざまな戦争の語りを統合することで、社会の中に形成されていく「集合的な記憶」のことを指している。

一九六〇年代末の原作と第一シリーズは、作中に出てくる「戦争」がいかなるものか、戦死者である父あるいは両親と娘、そして読者・視聴者の間で自明のものだった。そこには広い意味での戦争体験が共有されていた。これに対し一九八〇年代後半の第三シリーズでは「戦争」が「忘れかけられたもの」として扱われている。戦死者である叔父と華子の間に、戦争体験は共有されていない。第一シリーズは、成田の定義した時期からは少し後ろにずれているが、その語りの方向性は「体験」の時代にかなり近い。それに対して第三シリーズではその語りの構図は完全に「証言」の時代のものになっている。

この「証言」の時代の語りは、一九九六年から始まった第四シリーズでより明確に打ち出されることになる。

大胆に脚色を施した第四シリーズ

一九九六年から始まった第四シリーズの第三〇話「妖花！夏の日の記憶」(同年八月四日放送)はかなり大胆にストーリーをアレンジしている。

冒頭、花子は書店で働いている。そこにラジオのニュースがかぶさる。ラジオはその日が八月一五日であることを告げている。店にいた子供はそれを聞くと「記念日？」「今日は誰の誕生日？」と花子に問いかける。終戦記念日フェアのコーナーの前に立った花子は、子供たちに「ずっと昔に戦争があったこと」「遠い海の向こうで兵隊さんもいっぱい亡くなった」と説明をする。子供たちが「僕たちのお父さんが生まれる前？」と尋ねると花子は「もっともっと昔」と答える。

両親のいない花子は、祖母の手ひとつで育てられた。しかし、その祖母も三年前に失踪してしまった。彼女は毎年夏になると咲き乱れ、部屋の中まで広がってくる赤い花が祖母をどこかに連れていってしまったのではないかと考えていた。

ただならぬ気配を感じた鬼太郎は花子とともに祖母の行方を調べ始める。調査の過程で二つの手がかりが見つかる。ひとつは空襲のときに失われたはずの「祖母と祖父の結婚写真」。そこには出征前なのか軍服を着た祖父の姿の写真もあった。花子は戦死したと聞かされていた祖父の姿を見るのは初めてだった。

もうひとつの手がかりは、祖母が失踪したその日に古道具屋で長い間見つめていたという絵画、そこには妖花が咲き乱れる、南の島の戦場跡が描かれていた。「花子の祖父はその島で戦死したのではないか」と語る鬼太郎。

蛤船で南方の島に到着し、花粉に導かれるように島の中をすすむ鬼太郎たち。妖花の木の根元を掘るとそこで見つかるのは寄り添うようにして横たわる二つの白骨死体だった。

花子は、その指輪からこれが祖父母の死体であることを理解する。祖父の骨は古く、祖母の死体はまだ最近のものだった。

死体の側からは瓶に入った花子あての遺書が見つかる、そこで祖母は、無事花子が成人し、自分の人生もそう長くないとわかったとき、無性におじいちゃんに会いたくなったのです、と失踪の理由を説明する。そして名もない島にひとり埋もれている祖父の元へと行くことを決めたのだと。

エピソードの冒頭で花子は、戦争について「ずっと昔」「遠い海の向こう」と語っている。彼女にとっても戦争は「知識」の対象で、実感の持てるものではなかった。それが祖母の人生最後の願いが、戦死した祖父のもとに行くことであった、という事実を知ることで、「戦争」が身近なものへと変化していくのである。

祖母が花子に残した遺言は、決して戦争の悲惨さを訴えかけるものではなかった。むしろ、祖父を失った後の心の支えが娘であったこと、そしてその娘が残した孫の花子を育てることが生きがいであったという「戦後の物語」に力点が置かれている。しかし、その「戦後の物語」の古層には「愛する夫の戦死」という大きな喪失感が横たわっているのである。

そもそも「妖花」のプロットは、花子と妖花の樹木の下に眠る人間をなんらかの方法で因縁づけないとドラマにならない。一方で『鬼太郎』がアニメ化されるたびに、戦争は遠ざかり、戦争体験者はどんどん高齢化していくという現実がある。物語の中で自然に戦争を登場させることは難しくなっていく。第一シリーズでは「生まれてすぐに別れた父」だった存在を、およそ三〇年経った第四シリーズでは「会ったことのない祖父」とせざるを得ないのである。そうした状況の中で、いかに花子をドラマにからめていくかを工夫した結果、第四シリーズでは花子が祖母の心と人生を理解していく過程で戦争の存在を実感していくという展開になったのだ。

その点で第四シリーズからさらに一一年が経過した二〇〇七年より始まった第五シリーズは、

戦争の部分に大胆に切り込んだアレンジをほどこした内容だった。

第五シリーズ第九六話「怪奇ロマン！妖花の誘い」（二〇〇九年二月二一日放送）は、思い切って戦争という要素をはずし、原作の「死んだ父の娘への思い」という部分だけを生かして、船乗りの父とその娘・まゆみの関係性を描く物語として本作をまとめている。

第五シリーズは少年漫画的なヒーロー性に軸足があるので、テイストが近い第三シリーズと同様、南の島に上陸後、妖怪・花魄《かはく》とのバトルが用意されている。また南の島への移動に蛤船ではなく妖怪飛行船を使っているのもこの第五シリーズだけで、この点でもかなり独特のアレンジだった。

「記憶」の時代の第六シリーズ

そして「戦争」要素をはずした第五シリーズを経て、二〇一八年からスタートしたのが第六シリーズである。こちらは第一シリーズ放送から五〇年目にあたるアニメ化である。ここで放送された第二〇話「妖花の記憶」（同年八月一二日放送）は、これまで制作された「妖花」の総決算のような内容だった。また同時に「証言」の時代ではなく、「記憶」の時代として「妖花」を語り直したエピソードでもあった。

第六シリーズには、人間のレギュラーとして犬山まなという中学生が出てくる。物語はまなが、入院中の大伯母、沢田淑子のお見舞いにいくところから始まる。

入院中の淑子は、見舞いにきたまなに、自宅に花が咲いているか見てほしいと頼む。淑子の家には、毎年お盆の時期になると、家の屋根や壁面、庭を覆いつくすほど妖花が咲くのだ。そしてまなが淑子の家に足を運ぶと、今年は例年よりも多くの花が咲き乱れていた。

淑子は独身。実は戦時中に結婚を約束していた男性・総二郎がいたが、急に音信不通になってしまい、淑子は以来、頑なに愛することも愛されることもせずにひとりで生きてきたのだという。このまなという視聴者に近い視点の人物と、戦時中の出来事に秘めた思いを抱えた人物を並べて配置する構図は、第四シリーズと重なる。

咲き乱れる妖花の大元を求めて、南の島に赴くまなと鬼太郎たち。第六シリーズで描かれた「南の島」は「赤道を越えたあたりにある」と言及され、後半で精霊トゥブンも姿を見せることから、水木が戦ったパプアニューギニアのニューブリテン島を念頭において設定されていると考えられる。

これまでの「南の島」では、原作にも描かれている朽ちた戦車などが描写されているものの、どれも無人の古戦場といった体だった。だが本作では、南の島に到着してすぐに、日本語で書かれた古びた慰霊碑がある様子を見せる。日本から遠く離れた地にある慰霊碑に驚くまな。そんなまなに対して鬼太郎は、当時の日本は大きくなろうとしていて、現在は友好的な関係の国々と戦ったのだと解説する。まなが、日本はアメリカに攻められただけだと思っていたというと、目玉おやじは、太平洋戦争と固有名詞をはっきり出した上で、日本もほかの国に攻めたり戦っていたりした、と補足する。

原作も含めてこれまでのアニメ化では、「誰となぜ戦ったか」という点について明確に語られたことはなかった。そして、それは戦争について語ることが「戦死して可哀想」という枠内に収まってしまうことでもある。これはそのまま「日本は戦争に負けた」という観点に偏りがちである問題と通底している。

それに対して第六シリーズでは、少し引いた視線から「この島で起きた背景には何があったか」についてシンプルに事実を語っている。こうした語り口は、成田が書いたとおり「さまざまな戦争の語りを統合して、社会における集合的な記憶を形成していく」という「記憶の時代の語り」に当てはまる。

物語の中盤からは、そんな南の島で森林を伐採している日本企業が登場する。日本企業の経済進出という戦後の風景の一断面をみせながら、彼らは毎夜、心霊現象に悩まされているという状況が説明される。そしてその夜、戦場の銃撃や爆発音、飛行機の飛ぶ音などが伐採現場に響き渡る。

実は、妖花の木の根元には、多くの日本人の亡骸が今もまだ眠っていたのだ。にもかかわらず日本企業はその木を伐採しようとしていた。そこで精霊トゥブアンたちは、かつてこの地で起きた戦闘の音を再現して伐採を妨害し、戦死者たちの安らぎを守ろうとしていたのだ。現地の妖怪が物語に絡んで物語を盛り上げるのは、第三シリーズのがしゃどくろを受け継いだ要素といえる。

そして、白骨の死体の中に、淑子宛の封書を手にしたものがあった。それこそが総二郎の骨だった。まなは「やっとわかったかも。ほんとうにここでたくさんひとが戦って、死んでいったって」と骨に手を合わせる。

手紙には、総二郎が結婚に反対する親に入隊を強制され、その事情を伝える手紙を淑子に出せないまま戦死していたことが記されていた。手紙を手にした淑子は、総二郎の思いが妖花となって帰ってきてくれていたことを実感する。この「戦争が引き裂いた恋人たち」は、第四シリーズの「戦争が引き裂いた夫婦」の延長線上にある。

このように本作は、淑子と総二郎の悲恋を大きな縦軸にしつつ、その真実を知る過程で、まなが戦争とはどんなものかを学んでいく様子を描いた。そうして見ると、まなが森の中に響き渡る「戦場の音」を体験したり、なにかもの言いたげについてくる「軍靴の足跡」とコミュニケーションをとっているのも、知識だけでなく、戦場で起きたことと戦死者の無念を体感してもらうための仕掛けということがわかる。

帰国後、まなは改めて自分の力で戦争について調べ、夏休みの自由研究として発表する。そこではまなは、「戦争で命を奪い奪われた」と二つの視点から何が起きたかを語っており、大伯母の体験の枠を超えて、戦争とは何かということを学んだ様子が描かれる。個人の体験を継承する「証言の時代」のドラマではなく、「記憶」の時代のドラマならではの締めくくりだ。

「妖花」のように半世紀の間に五回もアニメ化されたエピソードは、他のTVアニメを見ても例がない。これを〝定点〟としてみると、アニメにおいても、成田の指摘どおり、「体験」の時代から「証言」の時代を経て、「記憶」の時代へと、その語りが変化していったことがわかる。これから一〇年後。新たに『鬼太郎』が作られるとなったとき、果たしてどのような「妖花」が語られるのだろうか。

2

『桃太郎 海の神兵』の同時代性と断絶

「状況」の時代のアニメ

成田龍一は『「戦争経験」の戦後史』（岩波書店）で、戦争がどのように語られたかの変遷を一九三〇年からのおよそ一五年ごとに「状況」「体験」「証言」「記憶」の四つに分けて説明した。『ゲゲゲの鬼太郎』の「妖花」がどのようにアニメ化されたかの変遷を見ていくと、たしかに「体験」から「証言」をへて「記憶」へという流れのあることがわかった。

ではそれ以前の「状況」の時代のアニメはどのように戦争を描いていただろうか。この時代にはまだ「アニメ」という言葉は存在せず、この言葉が広く定着するのは一九七〇年代後半になってからだが、本書では煩雑さを避けるために基本的にアニメという言葉を使っていく。

そもそも日本の国産アニメの歴史は一九一七年に始まった。天活（天然色活動写真株式会社）で下川凹天《しもやまへこてん》が、小林商会で幸内純一《こうちじゅんいち》が、日活で北山清太郎が独自にアニメーション制作を開始し、それぞれの作品が相次いで公開されたのだ。ただしそれは現在の観客が想像するような、大規模に商業化されたものではなく、個人制作の短編が基本で、映画館ではメインの上映作品の前に上映される〝添え物〟的な扱いとして流通していた。それから一四年が経過した一九三一年の時点でも、アニメ制作会社は一〇人以下の小規模な会社が中心で、個人作家が家内制手工業で制作するというスタイルが続いていた。トーキー化への対応も遅れ、一九三〇年以降はニーズがかなり落ち込む状態になっていた。

だがこの後、一九三一年に満州事変が起こり、戦勝を報じるニュース映画への注目とともに短編アニメ映画へも関心が再び戻ってくることになる。ニュース映画への関心の高まりから専門の上映館ができて、そこで文化映画などと同様に短編アニメも上映されるようになったのだ。また戦局が厳しくなる過程で、短編アニメを含む海外の映画の輸入が禁じられたことも、国産アニメに対するニーズを増した。

セバスチャン・ロファ『アニメとプロパガンダ』（法政大学出版局）を紐解くと、まさに「状況の時代」の始まりの年である一九三一年に公開された『空の桃太郎』（村田安司）が日本初のプロパガンダアニメとして紹介されている。

『空の桃太郎』は桃太郎が、南極に近い島からやって来たペンギンとアホウドリに頼まれて、暴れん坊の荒鷲を退治するというストーリー。国立映画アーカイブが運営するウェブサイト「日本アニメーション映画クラシックス」には村田の発言を引用して次のような解説がついている。

村田の当時の言葉に「大鷲退治と出かけたのは空の王者で威張つてるアメリカあたりを当込んだ気味もあります」（『活映』一九三三年五月号）とあり、具体的には一九三一年にアメリカの飛行家チャールズ・リンドバーグが北太平洋横断に成功し、途中、日本に立ち寄ったことが念頭にあったと思われる。

村田の発言から想像するに、アメリカを強く意識していたのは間違いないだろうが、この作品から〝プロパガンダ〟と呼びうるほど強い主張を感じるのも難しい。

ちなみに、桃太郎が使う「桃太郎号」は日本陸軍が一九三一年に制式採用した中島飛行機製の戦闘機・九一式戦闘機とよく似た形をしている。切り紙アニメのため、手描きと違いメカの形状がブレないこともあって、リアリティのある印象に仕上がっている。

二年後の一九三三年には、日本は満州侵攻を巡って国際社会で孤立し、国際連盟を脱退する。『アニメとプロパガンダ』は「これ以降、日本のアニメでは外国の軍隊と戦う描写が頻繁にみられるようになった」と記している。確かに山口且訓《やまぐちかつのり》、渡辺泰『日本アニメーション映画史』（有文社）のアニメーション作品目録を見ると、一九三三年以降になると国策色や戦時色の濃い作品がぐっと増えてくる。

例えば『蛙三勇士』（大藤信郎、一九三三年）は前年の第一次上海事変において、自爆で敵陣の突破口を築いた三兵士の武勇伝を下敷きにしている。『お猿三吉　防空戦の巻』（瀬尾光世、一九三三年）は、お猿の三吉たちが、白いクマの空襲に飛行機で対抗するという内容だ。

また一九三四年に公開されたJ・Oトーキー漫画部による「おもちゃ箱シリーズ」の第一弾『特急艦隊』と第三弾『絵本1936年』は、主人公たちおもちゃを攻撃するのがミッキーマウスによく似た黒ネズミである。ただし、ミッキーマウス＝アメリカという単純化された構図ではなく、おもちゃ側にフェリックスそっくりの黒ネコも描かれている。

このほか一九三一年から連載が始まった田河水泡の人気漫画による『のらくろ二等兵　教練の巻／演習の巻』（村田安司、一九三三年）、『のらくろ伍長』（村田安司、一九三四年）も制作されている。こちらは軍隊生活をベースにした滑稽噺で、プロパガンダと呼べるようなメッセージはない。一九三五年には別スタッフ（瀬尾光世）にて『のらくろ二等兵』『のらくろ一等兵』も作られている。この滑稽噺を通じて描かれる軍隊生活を観客が共有できているのは、「状況」の時代だからだと考えることができる。

やがて一九三七年になると日中戦争が始まり、国内のアニメ制作も一気に戦時下の体制へと移っていく。

『日本アニメーション映画史』は第六章「戦時体制下の動画映画（Ⅰ）」の中で、「動画製作者の大部分が小資本で家内手工業を続けている。従って、時流にのったテーマで、器用に、すばやく作品を作りあげることが、商売上、大切なことであった。動画映画が〝浮き草のような存在〟といわれるゆえんも、ここにある。だが、それだけに、でき上がった作品は、常に世の動きを敏感に反映している」と記している。

その通り一九三七年には陸軍省の後援を得て『マー坊の少年航空兵』が発表される。「翌十三年（引用者注：一九三八年）になると、ほとんどの作品が〝軍事色〟にそまってしまっている。中でも徹底しているのが、佐藤吟次郎のマー坊シリーズだ。『マー坊の大陸秘境探険』『マー坊の木下藤吉郎』『荒鷲』などがある。このほかにも大藤信郎の『空の荒鷲』、橋本蔵六の『お猿飛助スパイ戦線』などと数多い」

『マー坊』シリーズは、この後、数作制作され『鉄血陸戦隊』『大陸宣撫隊』（いずれも一九四二年）といった勇ましいタイトルも並ぶ。『空の荒鷲』は、子犬のちんころ平平《へいべい》が戦闘機を操って戦うストーリーだが、ポパイやスターリンの姿をした雲が平平の行く手を阻むシーンが出てきて、国策色の濃いものになっていたという。このように戦争の遂行、勝利を晴れやかに描いた短編はたくさん制作されている。

『日本アニメーション映画史』に記されたあらすじをみると、この時期の「戦争」を扱った作品は大きく三つに分類できることがわかる。

ひとつは「現実の戦争」にかなり寄り添ったもの。『荒鷲』（一九三八年）は陸軍航空隊の中国における活躍を描いた作品。『海の荒鷲』（一九三九年）は海軍航空隊が蒋介石とスターリンの協議中に攻撃を仕掛け、最後はパイロットの自己犠牲が描かれる。日本に潜入しようとしたスパイ（角のある鬼として描かれている）を撃退する『スパイ撃滅』（一九四二年）も、ルーズベルト、チャーチルが登場しており、広い意味で現実との接点が設けられている。これらの作品は創作を通じて「今、起きている戦争の姿」を伝えようとしており、その発想は、ニュース映画やドキュメンタリー映画と地続きである。また『爆弾二将校』『空の上海戦線（上海空中戦）』（ともに一九三八年）のように「戦争ニュース漫画」という、ニュースとして制作されたと思われる作品もある。

第二に「現実の戦争」をある程度背景にしつつ、主人公のヒロイックな活躍を描いたもの。これは一番目の作品群と比べると、「戦争ごっこ」としての『戦争』描写ともいえるだろう。

『マー坊』シリーズはこれに相当する。例えば先述の『少年航空兵』は、中国を舞台に航空兵になったマー坊が敵空軍の飛行場で格納庫を爆破し、将軍を捕らえるという内容。同様に『お猿三吉』シリーズも動物キャラクターではあるが、同趣向のシリーズだった。『海の小勇士』『空の慰問隊』（ともに一九四二年）もこの仲間に入るだろう。戦前の人気キャラクター、フクちゃんでも『フクちゃんの増産部隊』（一九四三年）、『フクちゃんの潜水艦』（一九四四年）といった戦意高揚映画が作られている。

そして三つ目は動物などのキャラクターを使いながら戦争遂行に必要な情報を啓蒙していくもの。『動物となり組』（一九四一年）では隣組のあり方と防火訓練の様子が描かれ、『動物防諜戦』（一九四一年）ではスパイを防ぐことが、『空の勇者（兎の戦争）』（一九四一年）では、防空知識の涵養が訴えられる。大蔵省推奨という『お山の総動員』（一九四二年）は勤労と貯蓄の大切さを説き、『子宝行進曲』（一九四二年）はサルを使って「産めよ増やせよ」という主題を描いている。メッセージの明確さという点で、国策映画らしい内容であり、プロパガンダ映画そのものである。このタイプの作品は一九四一年以降に目立つ。

「状況」の時代のアニメが描いていた戦争は、第二のグループの「戦争ごっこ＝エンターテインメント」を中心に置きつつ、より現実に近い「ニュース映画的な作品」とより政治宣伝色が強い「プロパガンダ映画」という両翼を持っていたといえる。

『桃太郎 海の荒鷲』の制作

一九三七年から国内のアニメ制作が戦時色を増した背景には、おそらく映画検閲の基準が変わったということも影響しているだろう。

そもそも一九三三年に「映画国策建議案（映画国策樹立ニ関スル建議案）」が国会に提出され、積極的な映画統制が求められた。この「建議案」は案のまま立ち消えになったが、映画業界へ干渉しようとする流れは続いていく。

そして、一九三七年四月、映画検閲を担当した内務省警保局は、検閲手数料の免除の対象を拡大し、従来の教育用映画、宣伝用映画に加え、一定の基準を満たした劇映画・文化映画にまで拡大した。では劇映画・文化映画の免除の基準はどうだったか。

「いずれかの官庁や公的団体が免除を申請してきた映画のうち、製作技術が優秀で、かつその内容が『国体観念〔天皇主権という日本国家のあり方についての考え方〕の昂揚、国民道義の確立、我国内外情勢に対する認識の是正、軍事、産業、教育、防災、衛生等各種行政の宣伝、その他公益を増進するに資するものと認められるもの』である。劇映画の場合はさらに、いずれかの官庁が指導または後援をして製作されたもの、いずれかの官庁が優良であるとして推奨したもの、警保局が優良な劇映画であると判断したもの、という三つの条件のいずれかに該当する映画であった」（古川隆久『戦時下の日本映画』吉川弘文館）

『戦時下の日本映画』ではこの三条件を満たしたものを「国策映画」と定義している。そして一九三九年秋には映画法が施行された。映画法は、低俗と思われていた映画を、国民の教養を高める手段にしようという主張のもとに政府から提案され、次第に行政は映画製作や興行へと介入していくことになった法律だ。この時に、文部省認定による文化映画の映画館における強制上映も決まっている。

ただし同書によると、観客は結局、国策映画であろうがそうでなかろうが「(限定付きの自由ではあれ) おもしろい」と思った映画を楽しみ。「戦時下の国民がつまらない国策映画を強制的に見せられていた」というわけではないという。

なお文化映画とは、文化記録映画を意味するドイツ語のKulturfilmの直訳で、劇映画ではない映画（非劇映画）を指し示す分類上の総称だ。映画の記録性を活用して、植物や動物の生態、産業・地理の実態などを撮影したドキュメンタリー映画を指し、ナチス・ドイツや戦時の日本の文化統制下に、ニュース映画の人気を背景に確立されたジャンルである。

こうした状況の変化を背景に一九四〇年代に入ると、省庁の指導・後援を受けたり、あるいは「時局」という言葉で言い表される時代の気分を反映しながら、戦争を扱った短編アニメが制作されていた。そして一九四二年にひとつの大作が公開される。海軍省の依頼を受けて制作された——それはつまり明確な意思でもってプロパガンダのために作られた——『桃太郎　海の荒鷲』である。

そもそも海軍省は、一九四一年の真珠湾攻撃とマレー沖海戦の勝利を記念して開戦一周年記念映画の公開を企画。この企画が、東宝によって一九四二年一二月に公開された実写映画『ハワイ・マレー沖海戦』として結実する。同作は監督が山本嘉次郎で、特撮を円谷英二が手がけ、現在もなお国産戦争映画の代表的な作品のひとつとして知られている。

海軍省はこれと同じように、真珠湾攻撃成功をPRするアニメの制作を瀬尾光世に依頼し、それにより『桃太郎　海の荒鷲』という約三七分の国産初の長編アニメが完成した。同作は一九四三年三月に公開され、大ヒットを記録した。

『アニメとプロパガンダ』は『桃太郎　海の荒鷲』の企画について、『ハワイ・マレー沖海戦』のヒットを受けて、三ヶ月で制作されたと書いているが、どう考えても制作期間が短すぎる。『日本アニメーション映画史』にある通り、太平洋戦争突入とともに海軍省が映画制作を発注したと考えたほうが自然である。当時瀬尾の下で働いていており、後に人形アニメーションの第一人者となる持永只仁の自伝『アニメーション日中交流記』（東方書店）にも「瀬尾さんはとても身体の丈夫な方で、この制作にかけた八カ月、風邪ひとつひかないで先頭に立って頑張られた」と記されている。

『桃太郎　海の荒鷲』は、桃太郎を隊長とする機動部隊が鬼ヶ島へ空襲を行い、イヌ、サル、キジたちパイロットが戦果を挙げるという内容。カメラが鬼ヶ島を映し出すと劇伴にハワイアンが流れたり、鬼が『ポパイ』のプルートとよく似ていたりと、含意がわかりやすく示されている。瀬尾が所属していた芸術映画社が導入した四段マルチプレーン撮影台が使用され、発進を待つ空母甲板上のシーン、戦闘機の飛行シーンなど随所で迫真性のある画面を作り上げている。成り立ちも含め『桃太郎　海の荒鷲』は、先の「状況」の時代の三分類にあてはめると、第二の「戦争ごっこ」というより、第一の「ニュース映画的な作品」な発想で出来上がっていることがわかる。

『アルプスの少女ハイジ』のキャラクターデザインなどで知られるアニメーターの小田部羊一は、アニメーションの原体験として本作を挙げており、二〇一七年に放送されたTV番組『クリエーターたちのDNA―ニッポンアニメ一〇〇年史』のインタビューでも「航空母艦の上にいたウサギのキャラクターにとても惹かれた。あったかくて、柔らかくて、生きていそうな。そういうものを表現したくなる」と答えている。

本作でまず印象に残るのは、登場するキャラクターとメカニックの描き方の違いである。動物は姿こそ動物だが基本的に人間と同じように振る舞う、いわゆるトーキング・アニマルと呼ばれる、カートゥーンなどでよくみられるタイプの表現になっている。それに対し、登場するメカは航空母艦やゼロ戦、敵戦艦にしてもかなりリアリスティックに描かれている。こちらはものの形、動かす手順などさまざまな位相で、本物らしく描こうという意思を感じさせる。例えば冒頭に出てくる航空母艦のブリッジのシルエットなどは、擬人化された動物キャラクターが体現する童話的な表現とは大きく異なり、形が正確で描きこみも細かい。また戦闘機の、回り始めたプロペラが、回転速度があがるにつれてだんだん見えなくなっていく様子も丁寧に描写されている。

こうした〝リアルな表現〟はどのような背景から生まれたのか。評論家の大塚英志は『桃太郎　海の荒鷲』の姉妹編で、長らく幻の作品となっていた『桃太郎　海の神兵』を題材に考察を加えている。大塚はそこで『桃太郎　海の神兵』を成立させた美意識が、「今日の日本のまんがアニメの美学を支えている」という持論を展開する。

『桃太郎 海の神兵』はどのような作品か

大塚の考察にふれる前に、まず『桃太郎　海の神兵』の概要を確認しておこう。

大ヒットした『桃太郎　海の荒鷲』の後、瀬尾は松竹に移籍し『桃太郎　海の神兵』に取り組むことになった。『日本アニメーション映画史』では、松竹は海軍省と以前から企画をすすめており、それを見越して芸術映画社を退いた瀬尾をスカウトしたのではないかと推察している。

瀬尾は、総勢五〇人というかつてない大人数のスタッフを率い、実写映画並の予算をもとに、前作を大幅に上回る七四分の長編アニメを作り上げた。ただしスタッフについては、戦局が激しくなっていく中の制作だったため、途中から出征などでどんどん減っていったという。

物語の題材となったのは、日本軍の蘭印作戦。現在のインドネシアに侵攻して石油資源を押さえようという計画で、中でもパレンバン空挺作戦が参照されたといわれている。ただし、シンガポールの戦いの降伏交渉において、山下奉文中将がイギリス軍司令官パーシバルらに「イエスかノーか」と迫ったという、当時の国民の間に人気のあったエピソードも映画の中に取り入れられている。

物語は、富士山のふもとにある桃源郷のような村から始まる。そこで休暇を過ごしたサルとイヌとクマは、基地へと戻っていく。そこは海軍設営隊と現地民が協力して建設した場所だった。彼らは現地民に日本語を教えながら、桃太郎隊長のもと訓練に取り組む。

そして〝鬼ヶ島〟への空挺作戦が始まる。作中に政岡憲三が担当した影絵アニメのシーンがあり、そこで「その島が鬼のだまし討ちによって占領された」ことが説明され、桃太郎たちの攻撃が正当であることを作中で説明している。

先述の通り『海の荒鷲』でリアリティをもって描かれた航空機などと同様、本作でもメカは非常に写実的に描かれている。飛行機の着陸シーンなど作画が難しそうなカットも違和感がない。また見せ場のひとつである空挺シーンについては、スタッフが実際に、落下傘部隊に取材に赴き、その成果を生かして描いているという。輸送機のハッチが開いているカットなどで透過光が使用されており、これは非常に早い時期での使用例とされている。

また後半の陸戦シーンでは、戦車の窓から見たジャングルの風景といった主観ショットを使った表現も登場して印象的だ。おそらくは照準器越しに見た風景からの発想ではないかと思われる。

こうした映像表現はそれまでの多くのアニメとはかなり異質なものであり、『桃太郎　海の神兵』は『桃太郎　海の荒鷲』よりもさらに踏み込んで、ミリタリーに関わるシーンの多くにリアリスティックなアプローチを取り入れた作品だった。

評論家・大塚英志による評価

『桃太郎　海の神兵』は一九四五年四月に封切られた。だが、大空襲後の東京は壊滅状態、さらに都会の子供たちは疎開で映画館のある都会に不在で、封切りを見ることができた人間は限られていた。その数少ない人間のひとりが、後に漫画家となる手塚治虫だったのはよく知られている。

評論家の大塚英志は本作を支えている美学について「それはファシズム体制下にディズニーとエイゼンシュテインの『野合』としかいいようのない事態の中でできあがり、その美学が今日の日本のまんがアニメの美学を支えています。現在の日本のまんが・アニメーションの作画スタイルはディズニーから随分と変化しましたがそのベースにはミッキーやミニーがいるのです。そして演出方法はエイゼンシュテインの末裔としてあるのです」（『ミッキーの書式』角川学芸出版）と位置づける。

この「ディズニーとエイゼンシュテインの野合」とは、別の箇所では「ディズニー的なキャラクターによるドキュメンタリー映画である」とも言い表されている。大塚はこの美学的特徴を三つ挙げている。

「第一の特徴はディズニーキャラクターとリアリズムの共存です。人物はディズニースタイルの擬人化された動物として描かれます。一方で戦闘機などの兵器はリアリズムで描かれます。ディズニーのようにカリカチュアライズされた『兵器』ではありません。このようにアニメーションふうキャラクターとリアルな兵器の共存はガイナックスの『新世紀エヴァンゲリオン』を始め日本的アニメーションの特徴です。私たちはアニメーション的な非リアリズムのキャラクターとリアリズムによって描写される兵器の共存に対し違和感を持ちませんが、そのような美学の出自はこの作品にあるとさえいえるでしょう」

続く第二の特徴は「映画的な構図からなる美学の採用」。描かれた絵であるアニメにもかかわらず、エイゼンシュテインやレニ・リーフェンシュタールなどのドキュメンタリーにみられる、カメラのレンズでとらえたようなアングル・構図などが採用されている点が指摘されている。透過光を含めた光を使った演出も、表現主義やエイゼンシュテインの影響が見てとれるという。

そして第三の特徴は「そうした映画的なカットをモンタージュして1本の映画が作られていること」。その編集の手続は「文化映画」やドキュメンタリー映画と同一のカットつなぎが採用されているという。

大塚は、手塚治虫が日記に書き記した『桃太郎　海の神兵』の感想を『手塚治虫大全1』（マガジンハウス）から引用する。

「まず第一に感じたことは、この映画が文化映画的要素を多分に取り入れ、戦争ものとは言いながら、実に平和な形式をとっている事である」「漫画というより記録の一種であった」

そして「この十代半ばの少年は、この映画がアニメーションでありながら『文化映画』であり、ドキュメンタリー的な方法や美学によって貫かれていることを正確に指摘します」とまとめている。そして手塚が戦時中に私的に描いた漫画『勝利の日まで』に、『桃太郎　海の神兵』の影響が見られるという点を経由して、戦後のまんがアニメへとその系譜を繋いでいく。『桃太郎　海の神兵』は確かに、現在の視点から見ても七〇年以上前の作品には思えない迫真性を持ったカットが多い。それは大塚の指摘する、リアリズムによって描かれた兵器、そしてそれを見せるときにカメラの存在を意識した構図・画面作り、そして編集によっていることは間違いない。だが『桃太郎　海の神兵』が「文化映画」を土台として成立したという指摘と、その土台の上で起きた「ディズニーとエイゼンシュテインの野合」が戦後のアニメに受け継がれたという指摘は、どこまで妥当なのか。

同時代性と戦後との断絶

アニメーション研究家の木村智哉は「アニメーション映画『海の神兵』が描いたもの―戦時期国策映画の文脈から」（『戦争のある暮らし』水声社）で、『桃太郎　海の神兵』の内容を分析している。

それによると、動物の兵士たちが帰郷し、故郷の神社に参拝を行うくだりは、劇映画『海軍』（一九四三年）にも共通なものがあり、中盤の南方の島で原住民の動物と基地を整備していく過程は記録映画『海軍戦記』（一九四三年）とも重なる語り口という。また、クライマックスで描かれる落下傘部隊の表現なども、記録映画『空の神兵―陸軍落下傘部隊訓練の記録』

（一九四二年）、劇映画『加藤隼戦闘隊』（一九四四年）と類似する場面があるという。

これは『桃太郎　海の神兵』がこうした先行作を直接参照したということではなく「おそらくは当時のメディアで流布されていた戦闘シーンのイメージを、忠実にアニメーションで描いて見せたものと考えるべきだろう」と木村は書いている。つまり「文化映画」を念頭においたということは言いづらく、「当時の国策映画においては、むしろ一般的な表現に過ぎず、本作ならびにアニメーション映画の特徴として論ずることは難しい」と木村は記している。

では『桃太郎　海の神兵』と戦後のアニメは、大塚のように直線的に結びつけることが可能なのか。結論からいうと、こちらも難しいといわざるを得ない。現代のアニメと非常に近しい意識を持ちながら、直線的な影響関係にはないという点で、『桃太郎　海の神兵』はアニメの歴史においては特異な一作と考えたほうがよい。

そもそも『桃太郎　海の神兵』は、『桃太郎　海の荒鷲』と比べても、戦争末期に公開されたためほとんど見られなかった作品である。しかもその後、フィルムが行方不明となり、一九八二年に松竹の倉庫でネガが発見されるまでは幻の作品といわれていた。こうした状況から考えて、作品の持っていた美意識を直接的に継承するのは難しい。

スタッフの系譜を追っても『桃太郎　海の神兵』は戦後のアニメシーンと断絶している。制作の中心人物だった瀬尾光世は、戦後、アニメ映画『王様のしっぽ』を制作するがお蔵入りとなり、その後は絵本作家になってしまった。瀬尾の師匠にあたり、影絵シーンを担当した政岡憲三も、日本動画に参加してはいるが、そのスタッフが参加した東映動画の創設には参画しなかった。東映動画の長編などで力を発揮するアニメーターの森やすじが政岡の弟子を自認するほか、政岡自身も一九六〇年代にピー・プロダクションの顧問に就いており、TVアニメ黎明期のアニメーター養成に関わってはいるが、影響はあくまで作画技術についてのみで、総体としての作品作りへの影響ではない。そのほかのスタッフも戦後のアニメーション産業をリードするコアの部分には触れていない。

一方で手塚漫画の与えた影響も決して大きくはない。手塚治虫は虫プロダクションを起こし、三〇分枠で週一回放送される本格的なTVアニメの第一号『鉄腕アトム』（一九六三年）を送り出した。この週一回放送を可能にするために、秒一二枚から二四枚の絵を描くというディズニーなどのオーソドックスなアニメーション技法を選ばず、秒八枚（三コマ撮りと呼ばれる）で済ます、いわゆる「日本式リミテッドアニメ」という技法を開発したことは非常に有名なエピソードだ。

この〝リミテッドアニメ〟は、そもそも一九四〇年代にディズニーから独立したスティーブン・ボサストウらのUPA（ユナイテッド・プロダクションズ・オブ・アメリカ）が作り出したシンプルでグラフィカルな要素の強い作品にルーツを持つ。当初はディズニーとは異なる新たな表現様式として生まれたUPAのリミテッド・アニメーションだが、その後はアニメーション制作における省力化の手法として広まることになる。

そして日本のアニメは、この省力化のための三コマ撮りをベースにした上で「よい動き」を模索するという形で動きの美意識を発達させてきた。日本のアニメは、ディズニーに憧れる一面を持ちつつも、そうではない別方向へと進化してきたのである。それは一九五〇年代末から一九六〇年代にかけて作られたアニメのキャラクターデザインを見ても、同様のことがいえる。また、戦後の日本のアニメが実写映画を意識した演出に踏み込んでいくのは劇画の影響が大きい。劇画という言葉は一九五〇年代末に、青年向け漫画を子供向け漫画から区別するために生まれた言葉で、当時のアメリカ映画やハードボイルド小説の影響を受けた内容が多かった。ここから一九六〇年代半ばに劇画ブームが到来するまでの時期は、戦後の日本のアニメの黎明期と重なっており、アニメ業界に参入したスタッフの中には貸本劇画出身者が少なからずいた。そこで〝実写映画〟を意識したような演出が試みられるようになっていった。さらにいうと、映画産業の斜陽化の中で就職先にアニメを選んだ人間もいたし、TV産業の隆盛の中で人形劇から転身してきた人間もいた。

こうした状況を考えると、日本の戦後のアニメは「ディズニーとエイゼンシュテインの野合」というには、ディズニーから遠く枝分かれしたローカルな場所から生まれており、エイゼンシュテインのモンタージュを意識するにはその技法があまりに当たり前になった時代に成立しているといえる。表面上は似て見えながらも『桃太郎　海の神兵』と戦後のアニメの間には、大きな断絶があるのである。

ではなぜ戦後アニメにおいて、キャラクターに比してメカ描写が写実的になるという現象が起きたのか。それはやはりアニメにおける戦争の取り扱いと結びついている要素でもある。ここについては一九七〇年代のを扱う第四章で、改めて検討したい。

3 少国民世代、「戦争」を描く

六〇年代に誰が戦争を語ったのか

戦後、日本のアニメは一九六〇年前後から映画とTVを主要なチャネルとして本格的に産業化していく。特にTVアニメは、高度成長と歩みを揃えるようにポピュラーな存在として子供文化の中に確固たる地位を築いていった。そんなTVアニメの中にアジア・太平洋戦争を印象的に描くエピソードが登場する。それらのエピソードは、当時の視聴者である子供たちに、強い印象を残すことになった。こうした作品の作り手には、一九三〇年代の生まれが多かった。

どうしてそういう状況が生じたのか。

戦後すぐのアニメ業界は戦前、戦中と同様、小規模のグループが短編を制作するという状況が続いていた。この時期、瀬尾光世、政岡憲三という戦中に国産アニメの表現を拡張した二人の制作者は、第一線から退くことになる。瀬尾光世は一九四九年に『王様のしっぽ』を完成。しかし本作は配給の東宝から「赤がかっている」(『日本アニメーション映画史』)という理由で上映をキャンセルされた。瀬尾はこれをきっかけに絵本作家に転身することになる。戦中に『くもとちゅうりっぷ』(一九四三年)という傑作をものにした政岡憲三も、一九四七年に『すて猫トラちゃん』を発表するなどしたが、日本動画株式会社が経営困難に陥ったことをきっかけに、一九四九年にアニメの仕事から離れた。さらにベテランの大藤信郎は『くじら』(一九五二年)、

『幽霊船』（一九五六年）で国際的に高い評価を受けたが、一九六一年に死去する。敗戦からアニメが本格的に産業化するまでの十数年の間に、戦中までのアニメ業界で存在感を放っていた制作者たちが一線から退いていくのである。

その一方で、政岡憲三とともに日本動画から解雇された山本早苗、藪下泰司、大工原章、森やすじらは日動映画を設立。同社はやがて東映に買収され東映動画（現・東映アニメーション）が成立することになる。そして東映動画によって戦後のアニメ産業の分水嶺ともいうべき、国産初の長編カラーアニメ『白蛇伝』が一九五八年に公開される。戦前から続くアニメ制作の伝統が、東映というメジャー資本と結びついて、大規模な産業化を果たしたのだ。

さらに『白蛇伝』の五年後の一九六三年には、漫画家の手塚治虫（一九二八年生まれ）が興した虫プロダクションによって本格的TVアニメの第一号『鉄腕アトム』が制作される。

このように長編アニメとTVアニメを中心にアニメ産業が本格的に立ち上がっていく時期に、当時二〇代だった様々な人材が他業界などからアニメ業界に合流することになった。このときの〝若手〟が一九三〇年代生まれで、彼らはキャリアを積んで一九六〇年代後半から様々な代表作を世に送り出すことになる。

一九三〇年代生まれ＝少国民世代

成田龍一は、丸山真男が「近代日本の知識人」（一九七七年）で命名した「悔恨共同体」を前提に、アジア・太平洋戦争の敗戦を経験した人々の構造を分析している。丸山の「悔恨共同体」は、知識人論の整理のために考えられた概念で、個別分散化し政治と距離をとる日本の知識人が、敗戦後に珍しく「知的共同体」を形成したことに注目したものだ。この成立の背景にあるのは敗戦直後の「将来への希望のよろこびと過去への悔恨が——つまり解放感と自責感とが——わかち難くブレンドして流れていた」という感情だったという。

成田はこの「悔恨共同体」を三つの世代に分類する。ひとつは一九一〇年代生まれの「戦前世代」、もうひとつが一九二〇年代生まれの「戦中世代」、そして一九三〇年代生まれの「少国民世代」である。「戦前世代」は、敗戦後に知識人として活動を始め、日本の近代化という尺度の中で、戦争体制を批判していくことになる。この戦前世代の影響を受け、成長して「悔恨共同体」の一部を形成していくようになるのが、「少国民世代」である。

成田は次のように書く。

「【少国民世代】は、戦時において戦争に同化することを強いられる『少国民』であったが、戦後に『民主主義少年』となりゆく。大江健三郎、井上ひさしらにみられるように、『戦時』経験の批判を根拠に、『戦後』における自分たちの姿勢をつくっていく。【少国民世代】は、基本的に上の世代への不信——とくに、親や教師には反感をもつ」（『「戦後」はいかに語られるか』河出書房新社）

さらに成田は戦時にもっとも幼い世代だった「少国民世代」の特徴として、次の三点を挙げている。

ひとつは、内面の葛藤は有しつつも民主主義への信頼があること。もうひとつは、希望としての変革――戦後の解放感を感じていること。そして、新たな出発への意欲があること。「悔恨共同体」はあくまで作家や評論家を中心とした知的共同体についての議論である。また成田による三世代の特徴についても、個人差はあり、個別のケースでは当てはまらない場合もあるだろう。だが、成田の書く少国民世代の特徴は、一九六〇年代から一九七〇年代にかけてTVアニメで描かれた「戦争」の取り扱い方とも通底するものがある。アニメ制作者となった「少国民」たちも、成田の指摘する三点の要素を大なり小なり持っていたと考えられる。

『巨人の星』に刻まれた戦争

一九六〇年代に作中でアジア・太平洋戦争を扱った作品のひとつに『巨人の星』がある。『巨人の星』は原作・梶原一騎、作画・川崎のぼるの野球漫画。本作は主人公・星飛雄馬が、すべてをなげうって野球に打ち込んでいく求道の物語で、高度成長期の価値観とも重なり合って大ヒット漫画となった。同作は一九六八年にアニメ化され、こちらも大ヒットして一九七一年まで足掛け四年、全一八二話という長期シリーズとなった。原作の梶原が一九三六年、アニメの監督（クレジットは演出）の長浜忠夫は一九三二年生まれで、川崎はもう少し年下の一九四一年生まれである。

そもそも『巨人の星』の基本設定には太平洋戦争が深く関わっている。星飛雄馬の父、星一徹は、戦中に巨人軍に入団が決まっていたが、試合に出る前に応召され、一部の人間に「幻の名選手」としてだけ記憶されるにとどまった。戦後、巨人に復帰することになった一徹だったが、戦争で肩を痛めていたため、それをカバーする目的で「魔送球」という魔球を編みだす。しかし「魔送球」をめぐって同僚の川上哲治と議論になり、自らの過ちを悟ると、再び公式戦に出ることなく巨人軍を去ることを決意する。そして巨人の選手として挫折した彼は自分の息子を、巨人の星にするべくスパルタ式に野球教育するのだった。飛雄馬が強制的に野球を教え込まされるのは、戦争に翻弄された幻の名選手・一徹の人生あればこそなのだ。

第一話「めざせ栄光の星」（一九六八年三月三〇日放送）では、巨人軍監督となった川上が、飛雄馬の後を追いかけながら、一徹のことを回想するシーンがある。このとき、川上のバックには実写で戦争の様子が映し出される。空を飛ぶ戦闘機や落とされる爆弾、戦場の兵士たちの姿に原爆の投下。それは川上の中に、戦争が生々しく蘇っていることを実感させる。

この「戦争に翻弄された野球選手たち」というモチーフは、本作に見え隠れする主題で、アニメ化のオリジナルのエピソードとして、戦死した三人の野球選手の物語が制作されている。

まず第九一話「栄光のピッチング（沢村栄治物語）」（一九六九年一二月二〇日放送）は、戦場に散った不世出の投手・沢村栄治の半生を、沢村と親交のあった医師が、入院中の星飛雄馬に話すという形式で語られる。沢村は乗っていた輸送船がアメリカの潜水艦に撃沈され戦死する。本作では、海の底に死後の沢村が登場し「沢村栄治は投げています。深い深いこの海の底で。魚を相手に月のあかりの照明を浴びながら。考えてみれば、ここしか野球をするところがないんですね。先生」と医師へ語りかけるシーンが描かれ、安易な鎮魂を拒む強い印象を残す。

　また第一二五話「ズックのボール」（一九七〇年八月一五日放送）では、星一徹の回想という形で、学徒出陣で戦死した投手・嶋清一と一徹の戦場での交流が描かれた。ただし嶋が死ぬくだりは史実とは異なり、映画『西部戦線異状なし』のラストを踏まえた創作となっている。第一七七話「正捕手への道〈吉原物語〉」（一九七一年八月一四日）は、川上とともに巨人に入団した吉原正喜がメインのエピソード。一徹がビルマ戦線で交わした吉原正喜との交友を語る。第一二五話と第一七七話は、ともに八月一五日の終戦記念日を念頭においたエピソードで、特に第一七七話は最終回直前であるにもかかわらず、日付を意識してあえてメインストーリーとは関係ない太平洋戦争のエピソードを扱っている。

『巨人の星』は第一話だけでなく第一二五話、第一七七話でも、太平洋戦争を語るときに実写映像を使った。さらに第一七七話では、戦場の風景だけでなく、一徹に送られてきた赤紙も実物が画面の中に映し出されている。

『巨人の星』の脚本家のひとりであった辻真先は『TVアニメ青春記』（実業之日本社）でこのシーンについて次のように記している。

「晴れて巨人軍の正選手になったところへ召集令状が舞い込む悲劇的場面で、長浜さんは『実物の赤紙を撮りたい』といいだした。そんなもの、だれが持っている？　仕方なくスタッフは杉並区一円の銭湯に貼り紙をして歩いた。

『求む！　本物の赤紙』

というわけだ。

喜んでいる一徹とその妻、そのとき玄関が開く。ここまではアニメだが郵便配達が差し出す赤紙のカットが、一瞬実写となって大写しされる。応召の現実がショックとなって視聴者にせまる——というシーンができた」

『巨人の星』は、こうした一徹たち父親世代の戦争体験を、飛雄馬たちに語るという形でストーリーができあがっている。そこには当然、「野球が自由にできない時代」と「野球が自由にできる時代」の対比があり、戦争体験者が非体験者に平和の大事さを説くという構図がある。だがその一方で、実写映像の挿入などにより「本物の戦争」の情報が入っていることで、単に「次の世代に体験を伝える」ということに留まらず、「戦争体験者が当時を思い出す」という部分も少なからず含まれているのだ。

第一章で『ゲゲゲの鬼太郎』（第一シリーズ）の第三二話「妖花」を取り上げ、放送年からいえば「証言」の時代の作品ではあるが、「体験」の時代の作品のような語り口であるということを指摘した。『巨人の星』も同様で、実写の戦争映像は「戦争を知らない人にその姿を知らせる」という以上に「戦争当時の雰囲気を思い出してもらうためのもの」という形で機能しており、これもまたまさしく「体験」の時代の語り口である。

『サイボーグ009』の祈り

『巨人の星』『ゲゲゲの鬼太郎』（第一シリーズ）と同時期にTV放送が始まった作品に『サイボーグ009』（第一シリーズ）がある。本作にも太平洋戦争に言及するエピソードがあったが、こちらのほうがはるかに「証言」の時代の語り口になっている。

『サイボーグ009』は、石森（後に石ノ森）章太郎原作の漫画のアニメ化だ。世界中から集められ、改造された九人のメンバーが、自分たちを改造した死の商人「ブラックゴースト」をはじめ様々な悪人と戦う物語である。死の商人によって生み出されたという基本設定からして、『009』は戦争と切っても切れない関係にある。一九六六年に映画『サイボーグ009』が、翌一九六七年に映画第二作『サイボーグ009　怪獣戦争』が公開され、その流れで制作されたのがこのTVシリーズだった。原作は、当時進行中だったベトナム戦争を取り入れるなど、アクチュアルな要素も多かったが、アニメはアニメ独自の姿勢で戦争と向かい合った。

第一六話「太平洋の亡霊」（一九六八年七月一九日放送）は脚本が辻真先、演出が芹川有吾。辻が一九三二年生まれ、芹川が一九三一年生まれという「少国民世代」コンビである。

「太平洋の亡霊」は旧日本海軍の連合艦隊が突如蘇り、真珠湾を攻撃して、アメリカ本土へ向かって進軍していくという内容だ。アメリカ軍の原爆攻撃をものともせずに進む連合艦隊。どうして連合艦隊は破壊されないのか。実はその謎を解く鍵は、九州の与那島にあった。そこには超心理学者の平博士の研究所があるのだ。研究所に潜入した009たちは、そこで事件の真相を知る。

平博士は思念を実体化させる装置を開発し、それによって連合艦隊を蘇らせていたのだ。平博士はその目的を語る。

「狂っているのは私ではない！　人間だ！　お前たちだ！　かつて日本は誤れる戦いをし、多くの若い命を犠牲にしてしまった。その時、我々は彼等の魂に何と誓った？　そして、我々は戦争放棄を憲法によって定め、二度と軍隊を持たぬと宣言した。世界中が戦争はもうこりごりだ、そう心から考えたはずだ！　なぜなら、それだけが、死者の魂を慰める、たったひとつの方法だからだ！」

「だが……今やその誓いは虚しかった！　世界の各国は軍備の拡張に、兵器の力を広げる競争にしのぎを削っている。私の一人息子は戦争で死んだ。死者が生きて帰らぬ以上、生きているわしは何をなすべきか？　コレがわしの回答だ！」

平博士の怒りは、第二次世界大戦の教訓から何も学ばず、今もなお戦争が続いている世界に対する絶望から生まれたものだった。この絶望を癒やすことができるのは、平博士のイメージの中で蘇った、戦士した息子の存在だけだった。息子は父に、自分たちの魂をこれ以上いじらないでほしいと頼む。そして息子は父の頭上からそっと装置をはずし、やがて連合艦隊はもとの破壊された姿に戻り、海の中で再び眠りにつく。

平博士の罪は、自らの発明により、死者の声を勝手に代弁したところにある。だが、平和の名のもとに軍拡を続ける人間たちと、平博士とどちらが狂った悪魔なのだろうか、という問いが投げかけられて終わる。

平博士の台詞の間に、広島の平和記念公園の石碑や長崎の平和祈念像の映像に重ねて、憲法第九条の条文が示されるという演出からも作り手が本作に込めたメッセージは明確だ。辻は「三十分という放映時間の枠で、精一杯自分なりのメッセージを送りだした。まだアニメというメディアの影響力に、大人たちが気づいていない時代だったから、ああしたストレートな発言ができたのだと思う」（『TVアニメ青春記』）と記している。

そしてこの辻と芹川は第二六話「平和の戦士は死なず」（一九六八年九月二七日放送）でもコンビを組んでいる。こちらは東西冷戦を題材にした内容だ。

繰り返される両国の領空・領海侵犯により、パブリック連合国とウラー同盟の間に緊張感が高まる。その緊張の影に見え隠れする謎の人形。ついに対峙した009に人形は告げる。

「私は人間のいるところだったらどこにだっている。あるいは君の心の中にも住んでるかも知れんな」

人形は、かつてはヒトラーの側にもいたし、原爆を投下した米軍パイロットの側にもいたという。

「（原爆を投下した）パイロットたち、平然としてるんだよ。その理由がまた最高に傑作なんだよ。大統領が許可して、司令官が命令したからなんだってさ。その一瞬間で、私は今までの千倍も強く大きくなれたんだよ」

〝悪魔〟の化身とも思えるこの人形が原爆投下命令について語る部分は、一九六三年に哲学者ハンナ・アーレントが、ナチスの元将校でユダヤ人のホロコーストに関わったアドルフ・アイヒマンの裁判記録『エルサレムのアイヒマン』（みすず書房）で指摘したことと重なる。一九六一年に始まった裁判に現れたアイヒマンは、多くの人の想像とは異なり、極めて小役人的な凡人といった印象の人物で、自分の行為については「命令に従っただけ」だと主張したのである。原爆であれホロコーストであれ、そういう「命令に従った人」が多くの人の命を奪っていくのが戦争なのだ。

『サイボーグ００９』第一六話と第二六話は一対のものだ。どちらも「太平洋戦争の反省」を前提に、これからやってくる「新たな戦争」に警鐘を鳴らす内容となっている。しかも単に「戦争の悲劇を起こさないように」という地点に留まらず、「なぜ戦争は起きるのか」という部分に意図的に踏み込んでいる。第一六話で描かれるのは「ほかの人の命よりも自らの正義が優先される」という考え違いであり、第二六話では「不信と恐怖と思考停止」こそが戦争の種を大きく育てていく様子が描かれている。しかも、第二六話のラストでは、二大国の衝突は避けられたものの、軍拡は終わることもなく、さらに人形＝戦争を望む人の心もまた滅んでいないことが示されて終わる。この二作が異様な迫力で視聴者に迫ってくるのは、「戦争はなぜ起こるのか」というテーマに対して、このように正面から対峙しているためだ。

その点でこの二話は、「戦争を体験した世代が、それを知らない世代に語る」という「証言」の時代の語りの要素がありながら、そこからさらに「戦争とはなにか」という抽象的次元へと思索を深めたところに最大の特徴がある。

なお『サイボーグ００９』「太平洋の亡霊」は一九六八年七月一九日、『ゲゲゲの鬼太郎』「妖花」が同年八月一一日に放送されており、辻はこの時期に連続してアジア・太平洋戦争を扱った脚本を書いたことになる。

戦記ブームとアニメ

『ゲゲゲの鬼太郎』『巨人の星』『サイボーグ００９』といった作品がアジア・太平洋戦争を題材に取り上げるのは一九六八年から一九七一年にかけて。だが、それより先立つ一九六〇年代前半には、少年マンガ誌を中心に戦記ものブームがあった。これもまたアニメと戦争の関係を考える上で重要なピースといえる。

高橋由典「一九六〇年代少年週刊誌における『戦争』――『少年マガジン』の事例」（『戦後日本のなかの『戦争』』所収）によると、一九六二年〜一九六三年をピークとする前後四年ほどの間、週刊少年マンガ誌は頻繁に第二次世界大戦を特集し、戦記や戦記漫画を掲載誌した。

高橋はその原稿中で、戦記ものブームの中で取り上げられる内容が「非歴史的」であることに注目する。こうした記事で航空機、軍艦などが紹介されるとき、取り上げられるのはもっぱらスペックであり、それらが生み出されるに至った戦争という大状況や政治的経緯といったものの扱いが、まったくないか、あっても非常に小さいというのである。

高橋は一九六〇年代前半の「少年マガジン」の記事に見られる戦争観を次のようにまとめる。

「（1）機能美の魅力に満ちたモノとしての兵器（戦闘機や戦艦）がつくる世界であり、同時に（2）歴史的文脈から遊離した兵器対兵器の一種のゲームでもあるが、その一方で（3）個人の意思決定の集積として、すなわち個人の道徳的な性質が浮かび上がる舞台としてながめられるものでもあった」（同書）

マンガ・コラムニスト、夏目房之介は『マンガと「戦争」』（講談社現代新書）の中で、一九六〇年代の戦記マンガについて次のように語っている。

「六〇年代少年誌の戦記マンガにかぎっていえば、そのほとんどは『戦争』というテーマの通俗化といえた。戦争というより、戦闘技術やメカへの単純な子どもの憧れを実名性（引用者注：戦闘機や現実の人物が作中に実名で登場することで生まれるリアリティ）でひきよせただけ」で、「むしろ読者たちは、野球マンガや忍者マンガと同じレベルで戦記マンガを読んでいたはずだ」

『戦争』というテーマの通俗化」というのは、高橋が指摘した内容を、別の言葉で表したものといえる。一九三九年生まれのちばてつやは、このブームの中で描いた『紫電改のタカ』（一九六三年）を通じて、こうした「通俗化」に疑問を感じ、中盤以降に本人の戦争に対する思いを込めて作品を描くようになったという。

このような戦記もののブームが、直接結びついたアニメ作品は決して多くない。この時代に、TVという雑誌より公共性の高い媒体で、戦争を描くことへの抵抗感がまだ強かったことが理由と考えられる。

そんな状況の中、珍しくアニメ化された作品が一九六四年放送の『0戦はやと』だ。

制作はうしおそうじ率いるピー・プロダクション。うしおは一九二一年生まれの「戦中世代」だが、原作の辻なおきも一九三五年生まれの「少国民」世代だ。原作は一九六三年から週刊少年キングで連載された。この企画は広告代理店からの持ち込み企画だったが、「戦争もの」に対する拒否反応は強く、TV局の労働組合などから反対意見が出て、当初はTBSと交渉するもまとまらず、最終的に放送局がフジに決まるという、紆余曲折があったという。

アニメ第一話は、隼人をはじめとする、腕利き撃墜王三五人が、日本の最南端にあるイロイロ基地に集められ暴風隊が結成される様子を描く。後半は敵基地への攻撃が描かれるが、原作と異なり「敵」がどこの国かも明言されず、敵機のマークも特定の国を想起させない創作である。

少年漫画雑誌に限らず、一九六〇年代後半になると、活字の世界でも戦記ものが人気を集めていた。小熊英二『〈民主〉と〈愛国〉』(新曜社)によると、一九六〇年代後半は戦争体験者による手記の出版ブームだったという。

「こうした『戦記もの』を分析した社会学者の高橋三郎は、『昭和四〇年代』の現象として、それ以前の戦争体験記に存在した『ある種の『凄み』が失われた』ことを指摘している。歴史学者の吉田裕も、海軍の戦闘機乗りだった坂井三郎(略)の回想録を分析して、一九五三年の『坂井三郎空戦記録』が一九六七年に『大空のサムライ』という題名のもとにリライトされたさい、『自己の戦争体験へのどろどろとしたこだわりのようなものが消え』、代わって『日本一の勝負師』といった側面が強調されていったことを指摘している」(同書)

同書はそこで日高六郎の言葉を引用しつつ「戦争を知らない世代のみならず、戦争体験世代にとっても『戦争がすでに各人の体験と実感を超えた抽象物となりかけて』いたのである」とこの時期の状況をまとめている。

一九七一年の『アニメンタリー　決断』は、こうした活字の世界の「戦記物ブーム」の流れを受けたもうひとつのアニメといえる。

同作は、戦記作家の児島襄を監修に立て、アジア・太平洋戦争中の日本軍のさまざまな決断に焦点を当てた非常にハードな内容で、「個人の戦争体験」というより「司令官の判断」に軸足をおいている。ターゲットは「働き盛り」の管理職、壮年層だったという。当時の壮年層というのはつまり、大半が少国民世代である。そして戦争を伝えるというより、管理職たちに「司令官の決断」から学んでほしいというところに力点が置かれていた。これもまた「戦争が実感を超えた抽象物となりかけて」いたことの一事例といえる。

そして、この一九六〇年代の「戦記物ブーム」は、一九七〇年代のアニメにも影響を及ぼすことになる。

ロボットアニメと第二次世界大戦の記憶

一九七二年に放送開始した『マジンガーZ』のヒットは「巨大ロボットアニメ」というジャンルを形成する原動力となった。この「巨大ロボットアニメ」は一九六〇年代初頭のSFヒーローものと異なり、「主人公がロボットに乗り込んで戦う」という点が大きな特徴で、この「乗り込み型ロボット」という要素は「ロボットアニメ」の基本的なパターンとなって現在まで踏襲されている。

「ロボットに乗り込んで戦う」という仕掛けは、先行する特撮番組『ウルトラマン』など、人間がヒーローに変身するというアイデアがアニメ的に翻案されたものと解釈することができる。そしてこの「主人公がロボットに乗り込んで戦う」という要素がロボットアニメを「戦記漫画」へと接近させることになった。

先に引用した通り戦記漫画は、機能美の魅力に満ちたモノとしての兵器がつくる世界で、歴史的文脈から切り離された一種のゲームのような戦いを描くものだった。

例えば、マジンガーZが強いのは「超合金Z」という優れた素材と、「光子力エネルギー」という素晴らしい動力源によるものと作中で説明されている。その光子力エネルギーを奪って世界征服を企むDr.ヘルは、さまざまな特徴を持った戦闘ロボ「機械獣」を送り込んでマジンガーZを倒そうとする。この戦いは毎週幾度となく繰り返され、主人公たちの日常に組み込まれてしまう。そして、その戦いの中で「恐怖に打ち勝つ勇気」とか「武士の情け」といったヒーローならではの道徳が語られることになる。このようにロボットアニメは、架空のロボットが中心に置かれているだけで、戦記漫画の消費のされかたときれいに重なる。つまりロボットアニメというのは、非歴史的な「戦記漫画」が進化した一つの姿なのだ。これは一九七〇年代以降のアニメによって描かれる戦争の重要なポイントとなっていく。

しかし、そうして生まれたロボットアニメの中に、時としてアジア・太平洋戦争という実際の歴史が召喚されてしまうことがある。そこではやはり作り手の少国民的な「願い」が顔を出すのである。

一九七四年の『ゲッターロボ』第二〇話「大空襲！突然の恐怖」は、主人公リョウが、ヒロインのミチルや弟の元気とともに、ミチルの母・和子の故郷を訪れるというエピソードだ。和子の帰郷の目的は、両親の墓参りだ。

和子が小学生のころ（つまり彼女も少国民世代なのだ）、町が空襲に遭い、自宅は焼夷弾で破壊され母はそこで死に、なんとか助かった父も和子を助けて、機銃掃射に撃たれて死んだのだという。

脚本の田村多津夫（一九三二年生まれ）、演出の田宮武（一九三三年生まれ）、ともに少国民世代で、米軍機の形状がかなり異なるなどのフィクション化も行われてはいるが、まさに少国民世代から見た「戦争体験」が素直に作中に盛り込まれていた。

一九七七年の『惑星ロボダンガードA』第二四話「太陽と星のかけ橋」は、主人公サイドの司令官役に相当する大江戸博士がフィーチャーされたエピソードで「太平洋戦争の激戦地であった」という設定のパイサ島が舞台になる。

大江戸博士は学徒動員され、ゼロ戦の優秀なパイロットとして第二次世界大戦で活躍したという過去を持っていた（つまり大江戸博士は戦中世代に属する）。そんな大江戸のもとに、かつて戦ったアメリカ兵のジョン・グレイが訪れる。二人の間には、死闘を尽くしたものだけに生まれる友情が芽生えていたのだ。サブタイトルの太陽と星は、日章旗と星条旗を意味している。ジョンは仕事をリタイア後、自分の戦った戦地をめぐり献花をしているのだという。かくして二人はかつて互いに戦ったパイサ島へと向かう。

グレンと大江戸の男の友情は、ロマンの世界であり、これが戦争当時の思い出を大きく包み込んでいる。実写フィルムを挿入して戦争当時が回想されたりもするが、戦争やそこが生んだ悲劇に徹するのではなくのではなく、男のロマンに少し傾いているのが本エピソードの特徴といえる。

その上で、グレンがパイサ島が放置されたままなことを不満げに指摘すると、大江戸が「日本人は戦争を忘れるために努力をしたのだ」と苦渋を交えて語るなど印象的なシーンもあり、エピソードの最後は、核爆発によるきのこ雲と「あやまちは二度と繰り返しません」のテロップで締めくくられる。

脚本は馬嶋満。馬嶋の生年は不明だが、演出の勝間田具治はやはり一九三八年生まれの少国民世代である。

類例のない『遊星仮面』

一九六〇年代のアニメにおけるアジア・太平洋戦争の取り上げられ方を見てきたが、もちろんこれら以外の切り口の戦争も存在する。

例えば第二次世界大戦を取り上げるにしても「超技術のブラックボックス」という切り口で触れる作品もある。例えば『鉄人28号』（一九六三年）に登場する鉄人28号は、太平洋戦争末期に研究されていた秘密兵器がベースになっている。また『ビッグX』（一九六四年）に登場する変身アイテム・ビッグXはナチス・ドイツの下で研究されていたという設定である。ここでは第二次世界大戦は、具体的な戦争としてではなく、子供を楽しませるためのSF的なアイデアを成立させるための「背景」として用いられている。

もうひとつは現実の戦争とは関係ない一種の「未来戦争」である。例えば『鉄腕アトム』はシリーズの中で幾度か「戦争」と名付けられるような状況を扱っている。

第五六話「地球防衛隊の巻」（一九六四年一月二五日放送）、第一三〇話「火星の嵐の巻」（一九六五年八月二一日放送）はどちらも宇宙人、火星蟻と戦う〝宇宙戦争〟的な状況を描いている。ただし宇宙人、火星蟻ともにモンスター扱いされているだけなので「戦争」という雰囲気は薄い。これに対し第八四話「イルカ文明の巻」（一九六四年八月二九日放送）は、海底都市を建設した人類と、イルカから進化し海底に住むドーフィン族が衝突するエピソードで、人類側がドーフィン族を認めず、互いの主張が衝突、激化する展開によって戦争と呼びうる状況が描き出されている、また第一七五話「ロボット大戦争の巻　前編」（一九六六年七月二三日放送）、第一七六話「ロボット大戦争の巻　後編」（一九六六年七月三〇日放送）では、電子頭脳ロゴスが人類に反旗を翻す内容で、艦隊が軍事行動を行い、ロゴスめがけてミサイルを大量に打ち込む描写がある。第一八四話「タイム戦争の巻」（一九六六年一月八日放送）は、核兵器の誘爆で地球が滅んで人類が脱出したの後の遠い未来が舞台。そこでは人工人間とロボットが戦争を繰り広げているという内容だった。

こうした「未来戦争」を扱った作品として見逃すことができないのが『遊星仮面』（一九六六年）だ。『遊星仮面』で扱われる「未来戦争」は、『鉄腕アトム』後期と同時期に放送されていたとは思えないほどハードだ。

『遊星仮面』は『鉄人28号』、『遊星少年パピィ』（一九六五年）に続き、江崎グリコなどの提供で放送された作品で、異星人との宇宙戦争を扱っている。

新たに発見された惑星ピネロンには、地球人とまったく同じ姿をしたピネロン人が住んでいた。唯一異なっているのは、ピネロン人のこめかみに十字型の「ピネロンマーク」があるところ。ピネロンと地球は友好関係になり、地球のロケット操縦士ヨハンセンとピネロン人のマリアは〝宇宙結婚〟で結ばれ、息子のピーターが生まれる。

ピーターが一五歳になったとき、悲劇が起きる。ヨハンセンが操縦し、危険な核物質を輸送していた宇宙船が爆発し、ピネロン側に多大な犠牲者を生み出したのだ。これを地球側の攻撃ととらえる人間が多かったピネロンでは、権力者ホイヘンスがこれを機に独裁的権力を手に入れる。地球でも、反ピネロン感情が高まり、地球に滞在・移住していたピネロン人は強制収容所に送られ、ピーターの母マリアもまた強制収容所送りとなる。

そして地球とピネロンは戦争状態となる。そんな中、「遊星仮面」と呼ばれる謎の少年が現れ、劣勢の地球軍を助け、ピネロン軍と戦うのだった。

構図だけ見れば侵略異星人から地球を守るヒーローものだが、その背景を構成する設定は非常にユニークだ。ピネロンという国家と戦争をしているという大前提がシリーズを通じて描かれているので、各話のエピソードがSFヒーローものとして作られていても、「戦争」という要素が薄まることはない。一九六〇年代のアニメの敵キャラクターは、一話から数話ごとに交代するものが多かったので、こうした設定は珍しかった。またシリーズ前半では、地球側の指揮官のピッツが反ピネロン主義の急先鋒として独裁者的に描かれており、敵性外国人（異星人）の強制収容など、戦時下においてどういうことが起きるかに触れている点も加わって、SFヒーローものの中に「戦争」のリアリティを感じさせる内容となっている。

例えば第一八話「ピネロンマークに惑わされるな」は、ピネロン側の工作員が忍び込み、地球人のこめかみにピネロンマークを記していくというエピソードだ。地球側は、地球人に偽装していたピネロン人がいるとパニックになり街は混乱状態になる。憎悪の火種があれば、真実とは無関係にマーク一つで簡単に憎悪を煽ることができるというシビアなメッセージが込められている。

以上のように『遊星仮面』は、「戦争を支えているのがどのようなメンタリティなのか」、そこを折に触れて描くことで、SFヒーローものと戦争ものを両立させることに成功している非常に珍しい作品といえる。そして、企画・脚本を手がけた足立明（企画は仁田信夫名義）もまた一九三六年生まれの少国民世代のひとりである。足立は本作以外に『黄金バット』（一九六七年）、『妖怪人間ベム』（一九六七年）などを手がけている。

4

『宇宙戦艦ヤマト』の抱えた分裂

リアルなメカ描写はどこからきたのか

一九七〇年代という時期は、ひとことでいえば「TVまんが」「漫画映画」と呼ばれていたジャンルがアニメと呼ばれるようになっていく時期であった。そこで大きな役割を果たしたのが『宇宙戦艦ヤマト』(一九七四年)だ。

アニメ・特撮研究家の氷川竜介は『宇宙戦艦ヤマト』のインパクトを次のように語っている。

「もう一つは描写の緻密さです。第一艦橋が典型ですが、『アニメでここまで描かなくていいのに』とさえ思わせる密度感やリアル感です。アニメは本来『誇張と省略の芸術』ですが、その表現のレベルを押し上げました。映画では『神は細部に宿る』とよく言われますが、そういう感覚を一段と高めたんです。もちろんこれより前に『科学忍者隊ガッチャマン』を作ったタツノコプロの一連の作品等もありますが、『ヤマト』は姿勢が違っていました」(第六回新千歳空港国際アニメーション映画祭　アニメ特撮アーカイブ機構(ATAC)スペシャルトーク「アニメと特撮の文化を後世に遺すために」での発言)

第二章で見た通り『桃太郎　海の神兵』(一九四五年)には、ディズニー調の動物キャラクターと写実的に描かれた戦闘機などの描写の共存という特徴があった。同作のこうした方向性は決してそのまま戦後のアニメに受け継がれたわけではないというのは、第二章で検証した通りだが、ではなぜ『ヤマト』のメカニックは緻密に描かれるようになったのか。前章でも取り上げた『0戦はやと』と『アニメンタリー決断』のメカニック描写を検討しながら『ヤマト』に至る道筋を確認したい。

『鉄腕アトム』の翌年から放送開始となった『0戦はやと』だが、『アトム』に登場した架空の飛行機、ロケットなどよりもはるかにリアリスティックに描かれている。どうして一九六四年の段階で、当時としてはリアルなゼロ戦がアニメの中に登場したのか。

原作の辻は京都の出身で、後にアニメ制作会社・竜の子プロダクションを起こす吉田竜夫の友人だった。吉田の伯父が紙芝居製作会社を設立したため、辻も吉田とともにそこでバイトを始めることになる。その後、吉田も辻も上京し、漫画を始める前は絵物語を描いていた。漫画評論家の米沢嘉博は、辻のような作家の立ち位置を、手塚治虫とはまた違ったものとして解説する。

「絵物語は、新人は出づらく、訓練には時間を要したのだ。また、絵画から入ってマンガに移行してきた作家たちは、たぶん石膏デッサンを経て、単純なマンガの絵に至るという、過剰をはぎとり、デフォルメしていく作業の中で自分のスタイルを作っていったはずだ。元々実体とは関係のないところで、模倣・変形され、増殖していくマンガと、そうしたデフォルメによって創り上げられたマンガは、同じようでいて違った感覚を与えていた。例えば、杉浦茂、ムロタニ・ツネ象、などタブロー指向のマンガ家たちの絵は単純にも関わらず、妙な有機的感覚と立体感をかもし出していたのだ。看板絵や挿絵画家、紙芝居の流れにある吉田竜夫、辻なおき、武内つなよし、一峰大二なども手塚スクールの作家たちとは異質な感覚を見せていたことも付け加えておくことにしよう」（米沢嘉博『藤子不二雄論』河出文庫）。

このように、まず辻の中に、手塚スクールではない、絵物語由来のリアリズムがあったということが考えられる。

一方、『0戦はやと』をアニメ化したピー・プロダクションは、うしおそうじ（本名・鷺巣富雄）が一九六〇年に設立した会社である。うしおは、一九三九年に東宝の線画室に採用され、東宝の特殊技術課課長だった円谷英二に師事することになる。線画とは、機械構造や動植物の内部組織などを線で図示し動かす、アニメの一分野で、瀬尾光世も『桃太郎　海の荒鷲』に取り掛かる前の一時期、この仕事に携わっていたのは先述した通りだ。例えば文化映画『九九式軽機関銃』であれば、新型機関銃の断面図を描き弾丸がどのように発射されるかを説明する線画が本編に登場する。これを描くのがうしおの仕事だった。うしおはこの後、円谷英二が特撮を担当した『エノケンの孫悟空』（一九四〇年）でマット画（実写映像に合成するための背景画）も描いたという。その後、一九四〇年からは海軍航空隊で教材映画の制作を命じられ『水平爆撃理論』などを制作。ここではスチール・アニメーションの技法に挑戦している。これは撮影したフィルムを一コマ一コマ紙焼きし、それを再度コマ撮りする手法である。これは写真を加工することでさまざまな視覚効果を表現できるところに特徴がある。このようにうしおのルーツは、特撮（の一分野としてのアニメ）であり、そこにはつねに実写の存在を前提としたリアリティが存在する世界だった。

戦後になり東宝を辞して漫画家として活躍したうしおだったが、やがてピー・プロを設立し映像制作に乗り出す。ピー・プロは特撮とアニメの二本柱で制作に取り組んでいくことになるが、うしおにとってその境目は決して大きなものではなかったのである。アニメ『0戦はやと』でも海面の表現に写真を使うなど、うしおらしい発想が生きている。『0戦はやと』の持つリアリティは、このように絵物語と特撮にルーツを持つ二人のキャリアの中から自然に出てきたものと考えられる。

特撮の影響により深化する表現

では、『0戦はやと』から七年後の一九七一年に製作された『アニメンタリー 決断』はどのような背景ゆえに、当時としては異例のリアリスティックな映像となったか。ここもまた『0戦はやと』から直線的に考えるわけにはいかない。

『0戦はやと』から『決断』までの七年間にあった大きな変化は、平成二四年度メディア芸術情報拠点・コンソーシアム構築事業としてまとめられた「日本アニメーションガイド ロボットアニメ編」に詳しい。

同レポートの中でアニメ・特撮研究家の氷川竜介は次のような見取り図を描いている。

一九六〇年代初頭のＳＦヒーローアニメは、セル画のもつ〝ツルツル感〟が視聴者の持つ未来のイメージと合致し、受け入れられた。その後、一九六六年に『ウルトラＱ』『ウルトラマン』によって「特撮によって表現された怪獣のいる世界」が大人気となり、同年NHKで放送されたイギリス製人形劇『サンダーバード』によって精緻なギミックと、汚しがほどこされたメカニック類が登場する。

こうした状況でアニメはどう変化していったか。同レポートの前半部分のポイントを以下引用しよう。

「こうした発展期では、アニメも特撮も人形劇も『TVまんが』という総称で呼ばれていた。そして『メカと怪獣』という要素は、ともに黎明期のアニメにとっては大きな弱点であり、描くことが苦手な部類のものであった。先述のようにアニメのセルワークは『ツルツルの質感』をもつ。ディテールが省略された結果、空想度・飛躍度は増すが、即物的でない分だけ臨場感や存在感は減じることになる。

怪獣の表面には複雑な凹凸があり、角や牙や毛が生え、眼光が鋭いなど生物としての質感とリアリティを描いていた。サンダーバードメカもエンジンや引き込み脚などハードウェアとしての構造を明示し、風雨に耐えた汚し塗装、あるいはマーキングなど現実にありそうな表面処理を多々施してあった。

やはりポイントは『質感』である。児童ものとはいえ急所はフェ《マ》チズム《マ》なのである。それもまた、1970年代の『ロボットアニメの進化発展』を考えたとき、大きなヒントになることである」

「アニメの絵柄と制作手法も、劇画ブームに大きな影響を受けている。特撮のリアルな質感に押され気味だったアニメは『トレスマシン』という機械を導入し、技術革新を迎える。鉛筆の強弱やカスレなどニュアンスをセル画にカーボン熱転写する新兵器で、劇画タッチをもつアニメ表現に成功したのである。

トレスマシンが導入された時期のアニメ作品は、スポーツ根性もの、妖怪ものと『劇画原作』の比率が多くなっていた。劇画のザラザラした質感も、大気や河川が汚染でドス黒かった当時の空気感の反映と受け取れる。

劇画タッチの描線を前提としたアニメ企画も次々に登場し、ヒットする「タツノコプロダクションは前年の戦記アニメ『アニメンタリー決断』で、カラーTV全盛時代にふさわしい技術革新に成功していた。トレスマシンに加え、タッチ（スポンジや筆で粗い質感を乗せる）やエアブラシ（ピースコンでグラデーションを描く）などの『特殊効果』（セル仕上げ）を多用。リアルな兵器がもつ鋼鉄の質感や爆発の迫力を美術的に増強した上で、機銃掃射の曳光弾を透過光で表現するなど、明らかに既存の平板なアニメ映像を凌駕する技法を確立していた。それをSF表現に転用して全力投入したのが『ガッチャマン』であった。

ここに至り、アニメにおけるヒーロー、メカの映像表現は、同時期の特撮作品を上回る質感、臨場感をようやく獲得し、最初の黄金期を迎えたのであった。

ただし、それはアニメ単独ではなしえない進化でもあった。『ウルトラマン』や『サンダーバード』など、内外の特撮作品の影響、少年週刊誌などメディアの変化、そして社会の動乱などいくつもの要素とビジネス要件のせめぎ合いの中で醸成された諸要素が、この急速なる進化を要請したのであった」

『決断』のリアリスティックな映像は劇画と特撮という二つのビジュアル文化の変化がアニメに影響を与えた結果であり、それが米沢が指摘する非手塚的な立ち位置の吉田竜夫の会社・竜の子プロダクションで成立したのはある意味、自然な流れでもあったといえる。

『0戦はやと』は、属人的な要素が重なってたまさか成立したリアリティであったが、『決断』の場合は、時代の流れの中の必然として成立したリアリティであり、それゆえに不可逆なものだった。こうして表現の幅を広げたところで登場したのが『宇宙戦艦ヤマト』だった。

ここで氷川が指摘した、この時期のアニメのメカニック描写の変化を模式図で現してみよう（図4－1）。

直行する「写実」のベクトルと「記号」のベクトルが存在する表面がある。「写実」は現実を写し取った実写の世界である。「記号」は現実を写し取ったものではなく、現実を誇張したり簡略化したり、この世に存在しない空想の世界である。

『ハワイ・マレー沖海戦』（一九四二年）に登場する特撮で表現された真珠湾攻撃は、史実の再現が目的であり、そういう意味では「本物そっくり」であることが求められる表現だ。ここでは「記号」のベクトルは短く、「写実」のベクトルは大きくなり、成果物はその合成されたポイントに位置することになる。『桃太郎　海の神兵』のメカニック描写も、手で描ける範囲とはいえ、素朴に「本物みたい」と思わせることを目標としており、その点では「写実」のベクトルのほうが、「記号」のベクトルよりも大きい表現であることは変わらない。

ここで興味深いのはアニメに影響を与えた『ウルトラQ』『ウルトラマン』、そして『サンダーバード』という作品は、作品を支えるものがいずれも架空の存在であるという点なのだ。つまりここで挙げた三作品の特撮表現は、それまでの「現実にあるものを本物らしく」という表現ではなく、「空想のものを本物らしく」という表現が目指されているのである。ここでは「写実」のベクトルと、「記号」のベクトルは同じ長さであり、二つの力のバランスが拮抗したところに、これらの表現は位置している。

図4-1

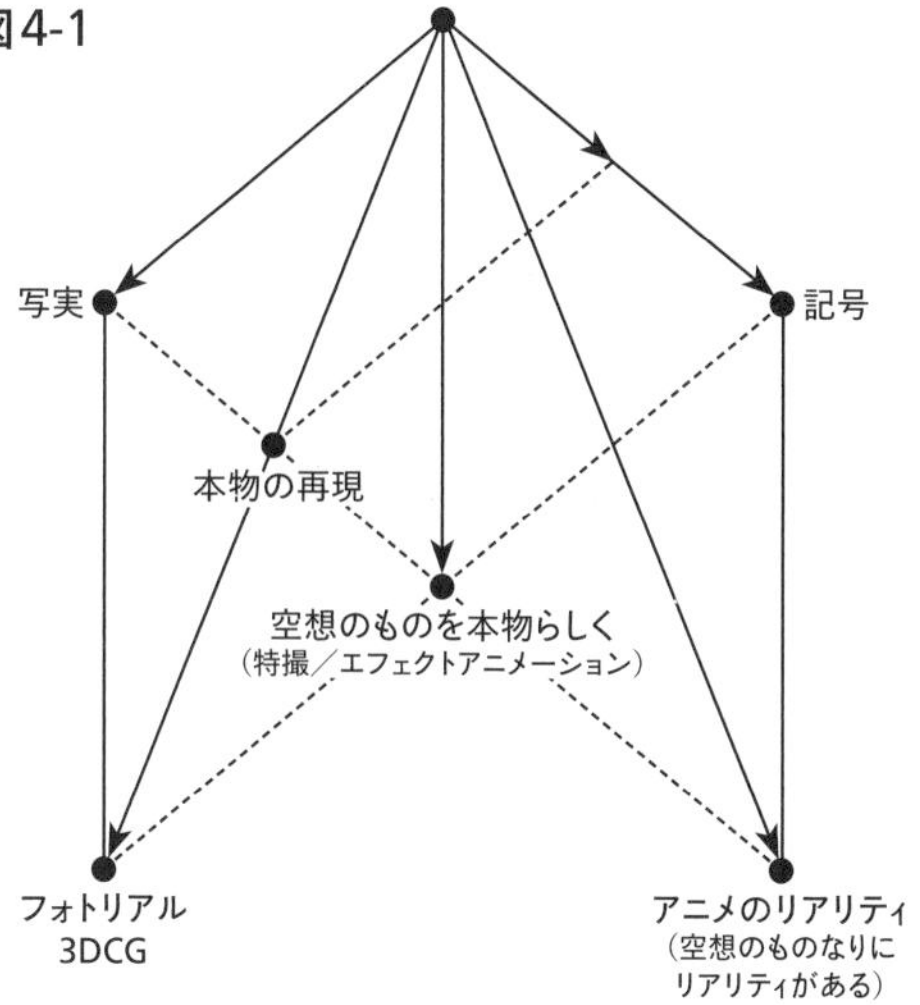

アニメが影響を受けた「特撮」とはそのような「空想のものを本物らしく」を志したものだった。アニメは絵を使った表現のため、記号化は避けられない。その点でもとから空想的なものなのだ。そこにあって「本物を本物らしく」の特撮よりも、「空想のものを本物らしく」の特撮のほうが、はるかに表現の参考になったのである。アニメの制作現場でしばしば「リアル(本物)よりもリアリティ(もっともらしさ)」という言葉が聞かれるのも、このような意識の現れだ。このアニメの目指すリアリティを、図4-1上にプロット

すると、「空想のもの」を扱った「特撮」と「記号」の合力の位置に置かれることになる。

一九七〇年代に入ってSFアニメを中心に始まったメカニック表現のリアリティの追求は、このように位置づけることができ、表現のレベルでも『桃太郎　海の神兵』の表現とは直結していないことがわかる。

『宇宙戦艦ヤマト』はまさに、この「アニメのリアリティ」のベクトル上に位置し、新たな表現を切り拓いた作品だった。

『ヤマト』では、単にメカニックを精緻に描くだけでなく、それがいかに運用され、作動するかを丁寧に見せ、その演出によってさらなるリアリティが強調された。また、無重力空間での丸く広がる爆発の表現や、極寒での冥王星で凍りついた海（作中では液体窒素という設定になっている）を割って発射される反射衛星砲の描写といった、SFマインドを感じさせるビジュアルも多かった。

この「空想のものを本物らしく」というアニメならではの表現スタイルは、「空想の戦争」と「現実の戦争」の距離をどう考えるかという問題もはらむことになる。

「戦艦大和」から「宇宙戦艦ヤマト」へ

『宇宙戦艦ヤマト』の企画がスタートしたのは一九七三年四月。そもそもどうして〝ヤマト〟が本作のメインメカに決まったのか。

企画の原点は、オフィス・アカデミーの西崎義展プロデューサーによる「船が宇宙を飛んでいく」というアイデアだった。

船が飛行するというアイデアは、明治の小説家・押川春浪の作品を大胆に改作した映画『海底軍艦』（一九六三年）にも見られたし、さらに遡れば戦前に活躍した海野十三の小説『大空魔艦』、平田晋策の『昭和遊撃隊』にもその類似のアイデアを見ることができる。言ってしまえば、少年が夢想する〝究極の兵器〟のひとつの姿であろう。『ヤマト』の原点はその想像力の系譜に乗っており、それが、宇宙開発の進む時代に合わせて相応のスケールアップが図られたものといえる。

西崎のこのアイデアに対し、二つの企画案がたてられた。一つが脚本家・藤川桂介の『宇宙戦艦コスモ（仮）』であり、もうひとつがＳＦ作家・豊田有恒の惑星戦艦イカロスをメインに据えた「アステロイド・シップ（アステロイド６）」だった。この二つの案を西崎が、虫プロダクション出身で演出家の山本暎一とともにまとめ直し、『宇宙戦艦ヤマト』の最初の企画書が出来上がる。

ここでどうして「ヤマト」の名前が選ばれたのか。複数の証言がある。

ひとつはズイヨーの高橋茂人のインタビューの発言だ。

「あの企画そのものは西崎義展氏がズイヨーの役員だったとき、彼が企画していました。キャラクターは何人かに頼んで断られたあと、松本零士氏が描いたもので、それで決定した。はじめは帆船のようなものを描いてきて、船の名は、武蔵そのほかいろいろ出ていましたね。雑談のなかで『戦艦を飛ばしたら？ ヤマトなんかはまだ日本人の思い出のなかに大きく残ってるよ』と話したのを覚えています」（小野耕世「高橋茂人、日本におけるテレビCMとTVアニメの草創期を語る（TCJからズイヨーへの歴史）」）

もうひとつは最初の企画書に、戦艦三笠をモデルにした〝宇宙戦艦ヤマト〟のイラストを添えた、クリスタルアートスタジオ（後のスタジオぬえ）の松崎健一。

松崎は、岩盤の中に船が入っていると聞き、どんな船かと聞いたら「三笠（日露戦争の連合艦隊旗艦）みたいな」と最初の発注を回想している。

「『アステロイド6』の当時はストーリーが少し違いますので、艦橋は戦闘用と観測用のふたつがあるんですけれど、2本ブリッジを建てるわけですよ。で、艦首にはどんなものか決まっていないけども、ものすごい兵器があると。『どんな兵器？』と聞いても『ものすごいだけで決まってないんだ。とりあえず角《つの》でもつけといて』（笑）。そうしたら艦首に角がついた三笠みたいな船でブリッジが2本建っている船をデザインさせられるわけですよ。（略）スタッフの誰かがそれを見て「なんだこれ。長門みたいだね」って言ったんです。ブリッジが2本建ったので長門に近くなったんですよ。それで長門だとネームバリューが低いから『大和でいいじゃん』ということになった」（『ガンダム者』講談社）

松崎はこのインタビューの流れで、西崎発で「ヤマト」と命名されたわけではないと言明している。

ともあれ一九六〇年代にあった戦記ブームの中で、戦艦大和の存在感は非常に大きいものであるのは間違いなく、人類の命運を背負った宇宙戦艦がヤマトと命名されるのは、極めて自然な時代の流れでもあった。

前章で見た通り、歴史から切り離され、機能美に満ちた兵器対兵器の戦闘を消費する「戦記もの」の楽しみ方は、一九七〇年代のロボットアニメを楽しんだ少年たちに重なるし、よりミリタリズムや機能美を打ち出した『宇宙戦艦ヤマト』であれば、その楽しみ方に一層応えることになる。なにしろ少年たちにとって、ヤマトは大和ではないのだ。「歴史的文脈」から完全に切り離された存在であり、だからこそそのロマンに酔うことができるものだった。

しかし、その少年たちの親世代、四〇代になった少国民世代にとって「ヤマト＝大和」は複雑な色合いを帯びていた。

軍艦マーチに象徴される価値観の対立

『宇宙戦艦ヤマト』のタイトルが決まり、宇宙の彼方にあるイスカンダルへの航海をするという大枠が決まった後の一九七四年春、漫画家の松本零士の参加が決まる。松本零士は一九三八年生まれ、西崎は一九三四年生まれと、ともに少国民世代だ。だが戦艦大和という題材をどう扱うかについては温度差があった。

「『ヤマト』を娯楽として漫画でお茶の間に送りこむということに、当時は重圧《ママ》感を感じていたんです。肩の荷が重かった。戦艦『大和』は３０００人近くの戦死者を抱いて沈んだ船なんです。遺族もいるしその子供たちもいる。それで対極にスターシャを置いて、ヤマトは生存のために宇宙をおし渡る、大航海物語にしたんです。そのことが西崎氏は何もわかっていない。1、2、3話はコンテを自分で描いたんですが、その中で大和の外板を外すと中から戦死者の遺骨がたくさん出てくるシーンを描いておいたんです。それが誰の指示なのかカットされていた。西崎氏に言わせるとスポンサーがと、スポンサーに言わせると西崎氏が、とね」（安斎レオ編『宇宙戦艦ヤマト伝説』フットワーク出版）。

松本にとって、大和は第一に太平洋戦争の負の記憶の象徴なのだ。だから、ヤマトを大和から切り離そうとする松本と、むしろ大和を背負っているからこそのヤマトであると考える西崎の間に距離が生まれることになる。

ヤマトのデザインの変遷を見ても、その一端がうかがえる。

松本がヤマトの全体像を描いた極初期の案では、艦首が現在のような形状をせず、潜水艦の艦首のように尖っている。これはおそらく〝三笠〟時代の「角」の延長線上で、ここにヤマトにおける最強の武器である波動砲が収まるように書かれている。

これが次の画稿では波除板（フェアリーダー）が描かれ、実際の大和の形状に近づいている。また波動砲はその舳先の下に位置しているが、発射口は小さくどちらかというと内蔵されているイメージである。

こうしてヤマト艦首のデザインが固まっていく過程で、西崎と松本の意見の対立があったという。『宇宙戦艦ヤマト』では松本メカのクリーンナップなどを担当していたスタジオぬえの宮武一貴が次のように回想している。

論点となったのは大和の舳先についた菊の御紋の扱いだという。

「西崎さんは、菊の御紋が無いとヤマトではない。絶対に必要だと。でも、松本零士さんは反戦的なところがあるので、絶対につけない。じゃあ、菊の御紋に見えれば良いんですよねってことで、(艦首の)菊の御紋をそのまま引っ込めた。それが、波動砲なんですよ」(丸本大輔「今だから話せる『ガンダム』『ダンバイン』『パトレイバー』生みの親たちのメカデザイナーズサミットレポ」)

波動砲自体をぐっと奥に引っ込め、その発射口を大きく開口させて、そこにライフリング的な溝を刻む。砲から放射状にその溝が伸びる形状にすることで、正面から見ると「菊の御紋」的な意匠に見えるという折衷案というわけだ。この宮武のアイデアが採用され、同じスタジオぬえの加藤直之がクリーンナップしたヤマト内部図解図では、艦首が現在のヤマトの形状になっている。

西崎と松本の意見対立はここだけではなかった。もっと深刻な対立を招いたのが第二話「号砲一発!! 宇宙戦艦ヤマト始動!!」だった。

第二話にはヤマトの来歴を説明するエピソードとして、戦艦大和の出港から沈没までを描いたシーンが入っている。この出港シーンで西崎が軍艦マーチをかけようとすることが問題になったのだ。

松本は次のように語っている。

「2話の戦艦大和が出航するシーンで軍艦マーチが使われたんです。『誰が入れた！』ってどなりあいになってね、（現場の）若い人たちも「この映画《ママ》には協力できません」って言い出した。（略）1回目の放映では、あそこで誤解を招きたくなかったんです。軍国主義の権化の戦記物という誤解をね。私は宇宙大航海物語を創る。そのつもりでいたから」（前掲書）

この事件は、演出として参加していた石黒昇も声優の小原乃梨子との共著である『テレビ・アニメ最前線』（大和書房）で回想している。

松本、西崎の意見が対立したまま翌朝の制作会議になったところ、スタッフから声が挙がったという。

「解散しようとした時、演助の石崎すすむ君が手を上げて発言を求めた。

『質問があります。二話では軍艦マーチが入っているそうですが、どういう意図で使っているのですか？　我々は右翼的な作品を作るのに手を貸したくありません。お答えによってはこの場で辞めさせてもらいます』

見ると緊張のあまり青白い顔をした石崎くんのまわりに四、五名の演助や進行が寄りそうように身を固くしている。

これにはさすがの西崎氏もショックを受けたらしく、深刻な顔をして考え込んでしまった」（前掲書）

最終的に軍艦マーチのシーンは不使用となり、再ダビングが行われた。ただしTV局にプリントは納品済みだったため、放送時は当該シーンだけ再ダビングしたテープの音に切り替えるという対応策がとられた。この時、テープでの差し替えが間に合わなかった新潟地方では軍艦マーチが流れたという。また局に納品されたプリントをそのまま利用している再放送でも軍艦マーチは流れることになった。正しい第二話は「軍艦マーチがないもの」という位置づけだが、Blu-ray BOX豪華版では映像特典として、軍艦マーチのかかる「再放送版第2話」を収録している。

西崎はそのような反対にあいながらも、どうして菊の御紋や軍艦マーチにこだわったのか。『宇宙戦艦ヤマト』シリーズ第六作に相当する『ヤマトよ永遠に…』（一九八〇年）のパンフレットに西崎は次のようなメッセージを寄せている。

「（引用者注：アジア・太平洋戦争に至る背景には西洋文明崇拝があり）皇国史観やアメリカ的物質文明崇拝も、こういったすう勢のなかで、特に強く現れた風潮だったのです。私たちは今、世界を見た目で、西洋文明だけが人間を幸せにする道なのだという、日本の現代を形成した選択には、誤りがあったと批判しなければなりません」

「（引用者注：かつて日本人は侮られていたが、今は）逆に日本人の勤勉さや、緻密さ、複雑さに、民族としての長所を認め、世界全体がもっと幸せになれるように指導性を発揮してほしいと要望されています。

私は、日本人が、このすぐれたところを、もう一度再認識し、それが国際性へつながるように育ってほしい、と心から思います。『宇宙戦艦ヤマト』は、そういう私の強い念願がフィーリングとなって形成された作品だとも言えるのです」

西崎がここで記しているのは、戦中の価値観でもなく戦後の価値観でもない、「日本的な普遍性」が『ヤマト』に込められている、ということだ。そのような時代を越えた一貫性を体現させるには確かに大和＝ヤマトという構図は守られなくてはならない。そのためにはヤマトに大和の魂を宿らせる必要があり、だからこそ菊の御紋も軍艦マーチも必要であった、ということだろう。

引用したメッセージは、最初の『ヤマト』から六年が経過した時点での発言なので、どこまで最初の『ヤマト』のときと同じ考えかはわからない。だが、西崎プロデュースの『ヤマト』シリーズがこの後、ヤマト＝日本という図式を強化していくことを考えると、根本の部分は当初から大きく変わっていなかったのではないかと考えられる。

西崎のように皇国史観も戦後のアメリカ文化もともに「本当の日本ではない」という姿勢の作品を監督したのが篠田正浩だ。篠田は一九三一年生まれで、西崎より三歳年長の少国民世代。篠原は戦中から戦後への変化を扱った『瀬戸内少年野球団』（一九八四年）、『瀬戸内ムーンライト・セレナーデ』（一九九七年）の二作品で、「敗戦とアメリカ化の間につかのま見えたのが日本の素顔である」という描き方をしている。西崎の『ヤマト』とは、篠田が夢のように描いてみせた仮構された「日本」であり、だからこそ具体的な歴史を切り離した上で、あえてアジア・太平洋戦争的な戦争を描く必要があったのだろう。

これに対し松本の『ヤマト』は極めて戦後的だ。負の記憶である大和とは一線を画し、明日（未来）のために旅をする船こそが「ヤマト」なのである。

このように『ヤマト』は、第二次大戦と地続きでいようとする西崎の発想と、そこことは距離を作ろうとする松本の発想が混在している。この分裂そのものが『ヤマト』といってもいい。このあたりの差は西崎と松本の生育環境や四歳ある年齢差とも関わってくるだろう。

ストーリーの下敷きはドイツ軍史

戦争と『ヤマト』の関係では、もうひとつの分裂がある。それは『ヤマト』のストーリー展開がナチス・ドイツの戦いを下敷きにしているという点だ。

『ヤマト』は全三九話として一旦シリーズ構成のプランがたてられた。それが「(ストーリー)設定表」という形でまとめられている。

これは全三九話の各話ごとに、「チャームポイント」と書かれた各話の見せ場、ヤマトと直接対峙するガミラスの司令官の名前、ヤマト艦長・沖田十三の病状、主人公古代進の境遇などを表にしてまとめているものだ(『宇宙戦艦ヤマト大クロニクル』『宇宙戦艦ヤマト全記録集　設定資料版』に掲載)。

注目点は「宇宙戦艦ヤマト戦闘史」の欄だ。ここはヤマトがどのような戦いを経ていくかのメモになっているが、ここにナチス・ドイツの戦いが頻繁に引用されているのである。

例えば第二一話から始まる「マゼラン基地撃破シリーズ」では以下の通りだ。

「〇宇宙戦艦ヤマトは、ガミラスの最強防禦線へ突入する。マゼラン星雲での謀略戦、乱戦が展開される。
〔ドイツ軍は、アメリカ軍と、ローマ、ナポリの中間地点、カシノで陣地攻撃戦を展開した。この戦闘は世に、モンテ・カシノ戦といわれている。または、ジー《マ》グフリー《マ》ドの戦いともいわれている。互いに、騙しあいの乱戦が展開された。〕」

当然物語のラストもこう記されている。

「〇宇宙戦艦ヤマトは、コスモクリーナーDを得て、帰途につくが、ガミラスの総統デスラーの最後の抵抗にあう。しかし、海賊船ハーロックが現われ、共にデスラーと戦って撃破する。
〔ヒットラーは愛人と結婚し、まもなく自決した。後継者には、デーニッツ提督をヒットラー自らが指名した。無条件降伏。〕」

設定表に記されたストーリーと直接の関連性があるというほどでもないが、脚本化するさいのドラマや戦闘シチュエーションのヒントにするためだろうか、かなりこまかくドイツ軍の戦いの趨勢がメモされている。

ヤマトの名を持つ戦艦が、大日本帝国の同盟国だったナチス・ドイツを思わせる全体主義国家と戦うというこの構造もまた、『ヤマト』が抱えたひとつの分裂といえる。

地球を征服しようと、遊星爆弾などで攻撃を仕掛けてくるガミラス帝国は、デスラー総統を支配者として戴いている。近年、松本はデスラーの命名の理由を、デスとラーで「死の太陽（ラーはエジプト神話の太陽神）」という意味だと説明している。とはいえ周囲にいるガミラス帝国の幹部の名前は、ナチス・ドイツの幹部のもじりになっており、視聴者としてはどうしてもヒトラーを想起せざるを得ない。ちなみに幹部のネーミングは、ガミラス帝国の副総統はヒスで、随一の名将はドメル。それぞれ下敷きにしたのはヘス副総統とロンメル将軍であろう。

ガミラスがナチス的意匠をまとっているのは、とりもなおさずエンターテインメントの世界ではナチスはいわば絶対悪の象徴であり、倒してしまっても良心の呵責を感じる必要のない存在だからだ。そういう敵の描き方は多かれ少なかれ『ヤマト』以前にもあったし、『ヤマト』以降も存在する。

ただ『ヤマト』の場合、そのヤマトという名前ゆえに、別の意味合いが生じてしまう。

例えば、ヤマトが大和から生まれ変わった「戦後」を体現していると考えてみよう。そうするとヤマト対ガミラスの構図は、「正しい現在」と「誤った過去」の対決ということになる。この戦いは、大和の負の記憶が「誤った過去」の側に属することを忘れ、ガミラスの中に視聴者が自分を見つけることがありえないからこそ可能になるものだ。

一方で、ヤマトが大和に通じる「日本の精神」の体現者であると解釈するならば、「ナチスなりドイツは間違ったが、我々は表層的には間違っても、〝本質的〟には間違っていなかった」という意味合いを帯びることになる。

アジア・太平洋戦争を想起させる名前を受け継いでしまった以上、『ヤマト』はこうした、いわくいいがたい現実の戦争の影をどうしても帯びざるを得ないのである。

この「戦争の影」について『ヤマト』は作中でひとつの答えを出している。

第二四話「死闘！　神よ、ガミラスのために泣け!!」は、ガミラス本星に引きずり込まれたヤマトが、死闘の果てにガミラスを打ち倒すエピソードだ。

だが勝利の高揚感はない。互いが総力戦で戦いあった果ての廃墟を見て、古代は呆然とする。

「俺たちは小さい時から人と争って勝つことを教えられてきた。学校に入る時も、社会に出てからも、人と競争し勝つことを要求される。しかし、勝つ者がいれば負ける者もいるんだ。負けたものはどうなる？　負けた者は幸せになる権利はないというのか？　今日まで俺はそれを考えたことはなかった。俺は悲しい、それが悔しい！　ガミラスの人々は地球に移住したがっていた。この星はいずれにせよおしまいだったんだ。地球の人もガミラスの人も幸せに生きたいという気持ちに変わりはない。なのに……！　我々は戦ってしまった！　我々がしなければならなかったのは戦うことじゃない！　愛し合うことだった！　勝利か……クソでも喰らえ！」

学徒出陣で大和に乗艦した吉田満が執筆した『戦艦大和ノ最期』には、以下のような一節が出てくる。臼淵磐《うすぶちいわお》大尉の言葉として綴られているが、吉田の創作ともいわれている。

「進歩のない者は決して勝たない。負けて目ざめることが最上の道だ。日本は進歩ということを軽んじ過ぎた。私的な潔癖や徳義にこだわって、本当の進歩を忘れていた。敗れて目覚める、それ以外にどうして日本が救われるか。今目覚めずしていつ救われるか。俺たちはその先導になるのだ。日本の新生にさきがけて散る。まさに本望じゃないか」（原文のカタカナをひらがなに改め、句点を補った）

この無意味な戦争になにか意味があるとするなら、「敗れて目覚める」その契機になるしかない、という兵士の諦念を伝える言葉だ。
勝者側ではあるが古代の行動は、まさにこの「敗れて目覚める」を地で行っている。ガミラスとの戦いは、古代に（そして視聴者に）戦いの虚しさを伝えるためにあったのだ。『ヤマト』はこの瞬間に、『ヤマト』を名乗ってきたその重責を果たしたといえる。そういう意味で、古代がこのセリフを言った瞬間にようやく、大和が抱えていた虚しさをヤマトが共有し、それによってヤマトが体現すべき価値観が明確になり、大和とヤマトがはっきりと無縁なものになったのだ。

ただ惜しかったのは、このときの古代の気付きが、作品の展開に大きく反映されることがなかったことだ。最終回で生き延びていたデスラーが再登場しても、そのまま戦闘を行ってしまう。またシリーズが継続することになった後も、「敵と相互理解を図ろうとする」といった展開は出てこず、基本的に「侵略者VSヤマト」という構図が堅持されるままだった。

また古代のセリフに出てくる「愛」は、一九七七年に劇場版が公開される前後から、西崎の「ヤマトのテーマは〝愛〟である」という発言へと繋がっていった。ただ、この「愛」という言葉が、敵対する侵略者との間に友好を結びうる可能性として掲げられることはなかった。むしろ「愛を知らない無慈悲な人間は敵である」と、新たな線を引き直すだけにとどまっていた。ここでは敵は、〝愛〟の崇高さを称えるために必要な引き立て役でしかないのである。

この敵との関係と先述の大和＝ヤマト＝日本という構図が重なって『ヤマト』シリーズは継続していく。それは大東亜共栄圏のロマンを呼び起こそうというように見えるのも仕方がない。

そしてシリーズは、一九八三年の『完結編』で、ヤマトが地球を守るために自沈し——大和と同じように海中での眠りについて——一旦の終止符が打たれることになる。

一〇代と四〇代、ふたつの世代の「ヤマト」

以上、『ヤマト』の中の「松本的／西崎的」「戦後的／戦中的」な分裂を見てきた。この分裂はそのまま視聴者層にも当てはまった。

一ノ瀬俊也『戦艦大和講義』（人文書院）に、劇場版公開の一九七七当時に行われたキネマ旬報編集長・黒井和男（一九三八年生）と西崎の対談が紹介されている。ここで二人が口を揃えて言っているのが、一〇代と四〇代の人間が『ヤマト』をおもしろいと感じているという状況だ。

一九七七年に四〇代ということは、一九三七年以前に生まれているということであり、ずばり少国民世代か、それ以上の世代である。それはとりもなおさず西崎・松本と世代的な感覚を共有している層であり、黒井も「この映画の発想そのものが、私たちのものですね」と語っているという。少国民世代にとっては、子供の頃のロマンの再生であり、そういう意味で四〇代にとって『ヤマト』は、戦中と地続きなものであった。

一方で『ヤマト』は、その少国民世代の子供の世代に相当する一〇代にも人気があった。こちらは戦争とは遠い世代で、戦争と切り離されているからこそ「架空の戦争ごっこ」として熱中できる世代だった。特にＳＦ戦記は、実際の戦記と違い、戦争についての倫理判断を保留にしたまま楽しむことができる。そこに、自分の思いを託すことができるロマンが描かれていればなおのことだ。

このように『ヤマト』はアジア・太平洋戦争の記憶と分かちがたく結びついていたため、何層かの分裂を抱えていて、いうなればその分裂ゆえにヒットしたということもできる。

だが『ヤマト』劇場版が公開してから二年後に放送された『機動戦士ガンダム』は、『ヤマト』とは異なり、アジア・太平洋戦争の記憶からかなり明確に距離をとった作品だった。

5

誰も傷つかない「戦争ごっこ」の始まり

『ヤマト』と『ガンダム』の距離

ＴＶシリーズを再編集した劇場版『宇宙戦艦ヤマト』（一九七七年）は大ヒットを記録した。このヤマト・ブームの中で「アニメ」という言葉が広く知られるようになり、一〇代を中心にアニメブームが始まった。そして、ブームのさらなる起爆剤となったのが、一九七九年四月から放送開始された『機動戦士ガンダム』だった。

『ヤマト』から『ガンダム』までわずか五年間だが、「戦争」という観点で『ガンダム』を見たとき、『ヤマト』とは異なる部分が多い。『ヤマト』と『ガンダム』の間にはひとつの断絶があるのだ。

それは例えば、作り手の世代からも考えることができる。これまでの連載で確認してきた通り、一九六〇年代から一九七〇年代にかけて、アニメで太平洋戦争が大きな意味を持って取り扱われるとき、作り手は一九三〇年代生まれの「少国民世代」が中心だった。「少国民世代」は、物心がついた状態で太平洋戦争を体験した世代である。『ヤマト』のクリエイティブの核となっていた西崎義展も松本零士も、ともに少国民世代だった。

これに対して『ガンダム』のスタッフは、ぐっと若くなる。メインスタッフと脚本家の放映当時の年齢を挙げてみよう。

監督：富野由悠季（喜幸）　一九四一年生まれ（三八歳）／アニメーションディレクター：安彦良和　一九四七年生まれ（三二歳）／メカニカルデザイン：大河原邦男　一九四七年生まれ（三二歳）／美術監督：中村光毅　一九四四年生まれ（三五歳）／脚本：星山博之　一九四四年生まれ（三五歳）／脚本：松崎健一　一九五〇年生まれ（二九歳）／脚本：荒木芳久　一九三九年生まれ（四〇歳）／脚本：山本優　一九四六年生まれ（三三歳）

まず一九四七年〜一九四九年に生まれた、第一次ベビーブーマー、いわゆる団塊の世代が半分を占めている。団塊の世代が二〇歳手前になった一九七〇年にはフォークソング「戦争を知らない子供たち」がヒットしているが、この歌の通り、団塊の世代とは、子供時代が第二次世界大戦の只中にあった「少国民世代」とは正反対ともいえる、「戦争を知らない世代」の代表選手でもあったのだ。

また全体の中でも年長者である監督の富野は、松本零士と三歳違いで、アニメーションディレクターの安彦、メカニカルデザインの大河原よりも、年齢的には松本のほうに近い。しかし、子供時代の三歳差は大きい。物心がついた状態で戦争を体験したかどうかという点からすると、この三歳差という部分に大きな断絶が潜んでいる。その点で『ヤマト』と『ガンダム』の間には、五年が経過しより若いスタッフに脚光が当たった、というだけでは済まない違いがあるのだ。

では『ガンダム』はどのような経緯で成立したのか。

『ガンダム』を制作した日本サンライズ（現・サンライズ）はその前身である創映社時代に『勇

者ライディーン』（一九七五年）を手がけていた。このとき、関係者はファンレターなどを通じ、それまでなら〝テレビまんが〟を卒業するはずの中高生が番組を熱心に楽しんでいるということを知った。中高生のファンは、凝った設定やドラマチックなストーリーを味わい、キャラクターに対しアイドルに対するような憧れを感じていたのだ。こうした新しいファンの存在が、社会的に可視化されたきっかけが、劇場版『ヤマト』の公開と大ヒットという現象だった。

その後、日本サンライズは自社発のオリジナル企画として『無敵超人ザンボット3』（一九七七年）、『無敵鋼人ダイターン3』（一九七八年）を送り出し、その実績によりスポンサーである玩具メーカー・クローバーの信頼を得ていった。そして『ダイターン3』の後番組として提案されたのが、後に『機動戦士ガンダム』となる企画だった。

この新番組は企画の時点から、『ヤマト』に熱狂したような中高生をターゲットのひとつとして念頭に置いていた。日本サンライズの企画室では、この層を大人と子供の間という意味で〝中ども〟と呼んでいた。そのため作品の設定も、小学生向けにしては複雑で、〝中ども〟というターゲットに向けて、ぐっと踏み込んだ内容になっている。

過去の「戦争」との〝繋がりと断絶〟

『ガンダム』で描かれた「戦争」の特徴は、現実に起きた戦争との「繋がり」と「断絶」が絶妙に共存しているところにある。

現実の戦争との「繋がり」を感じさせる一番のポイントは、描かれる戦争が「地球人類の国家同士によるもの」という点である。

それまでも敵や敵組織が人間という作品は存在した。例えば『鉄人28号』で主人公の正太郎少年が対峙するのは犯罪集団が中心だし、『マジンガーZ』の敵は、Dr.ヘルという悪の天才科学者を中心とした秘密結社だった。しかし国家対国家の戦いを描く作品となると、異星人など人間ではない侵略者が中心だった。『ヤマト』も異星人の侵略者との戦争を描いた作品だった。

どうして『ガンダム』は人類同士の戦争を描くことになったのか。

『ガンダム』の初期案のひとつに『フリーダムファイター　ガンボーイ』があり、この初期案がまとめられた時点では、敵は定番通り異星からの侵略者だった。

初期案の物語は、地球から三〇光年離れたパラレル星雲の第3惑星エレクトラーから始まる。ニュー・アースと呼ばれたこの新天地に侵略を仕掛けてくるのが、ブエラン星雲シリンクス星を本拠とする軍事国家・ジオン帝国。ジオン帝国は、人口問題、資源危機、天変地異などによって存亡の危機にあり、侵略を開始したのである。戦争に巻き込まれた若者たち二六人が、母艦フリーダム・フォートレスに乗り込んで生きるための戦いを始めることになる。ガンボーイはフリーダム・フォートレスに搭載されたロボット兵器の名前である。

日本サンライズ企画室に所属していた飯塚正夫の発言では、ジュール・ヴェルヌの『十五少年漂流記』をヒントに大型宇宙船をメインに据えた企画に対し、スポンサーであるクローバーからロボットも出してほしいとリクエストがあったのは一九七八年九月のことだという。『フリーダムファイター　ガンボーイ』という企画書は、その段階で作られたものと考えられる。

その後、富野監督によって同年一一月までに「ガンボーイ　企画案」がまとめられている。そこでは、すでにラグランジュポイント（地球と月の重力が均衡する空域）の各所にスペースコロニーが配置され、宇宙植民者と地球の間の戦争を描くことが明記されている。つまり同年の九月と一一月の間に、大きな転換が起き、そこで「人類同士の戦争」という設定が決まったのである。

富野監督が当時書いた「『ガンボーイ』背景設定」という一連のメモがある。そこに一〇月一〇日付けで、「なぜ、異星人を使わないか。（昨日までは異星人であった）」という文書がある。以下、その内容を引用する。

①異星人共存は、一方の破壊で終る。→力おしの話だけで、救い（引用者補足：が）ない（自由への論理が一方的になる）

一方の論理のドラマはドラマでない

②今回のテーマに対して不適

①の理由により

＊戦いの原因が、宿命的因縁によらねばならない限り、人間的ドラマとならない。

＊人間的ドラマにしなければ、自由は語れない。

まして愛さえも。

＊のりこえるべきもの、かち取るべきもの、のドラマに、感動をよびおこすのは、べきものの原因の中に、共通の〝種〟が造り出す（生み出す）障害があればこそ。べきもの、への対立、抗争が、ドラマとしての感動を呼ぶわけだ。

③異星人侵入は、あまりに多すぎる故

まずこのメモからわかるのは、「人類国家同士の戦争」という構図は、テーマを踏まえた上で、意図的に『ガンダム』に導入されたものだったということだ。

メモの内容を理解するにはまず『フリーダムファイター』のときから、「青春群像劇」「自由」「愛」といったものが描くべきテーマとして挙げられていた、ということを踏まえる必要がある。

それを踏まえた上で①を読むと、ここでは、「自由」というものを描こうとしたとき、異星の侵略者が相手では、主人公の正しさは自明のものとしてしか描くことができず、描かれるべき「自由」も主人公サイドに偏ったものになってしまう。これはドラマ（葛藤）になりえないということが指摘されていると思われる。

②はそこをさらに掘り下げている。

テーマを描くには人間ドラマが描かれなくてはならず、そのためには敵味方が同じ〝種〟として価値観（乗り越えるべきもの、勝ち取るべきもの）を共有している必要がある、と富野は主張する。だからこそそこに対立や抗争が生まれ、それがドラマ足り得るのだ、というわけだ。

そして③は読んでの通り、異星の侵略者というのは『ヤマト』を含め先行作が多く、ありきたりであるという指摘である。

興味深いのは、戦いに至る原因が宿命的因縁でなくてはならない、という主張である。これは完成した『ガンダム』に照らし合わせて考えると、戦争には歴史的必然がある、という意味であると考えられる。

内的な要因があるにせよ未知の相手による一方的な侵略戦争ではなく、「宇宙移民の開始とそれによる独立運動の高まり」というその作品世界では誰もが知っているだろう歴史的必然を背景に置くからこそ、戦いの中にドラマが生まれるのだ、という考え方だ。

このような思考を重ねることで『ガンダム』は、それまで人類が体験してきた戦争と地続きの、人類の国家同士が戦う戦争を描くことになった。

余談だが『フリーダムファイター　ガンボーイ』のアイデアを念頭におきつつ、「なぜ、異星人を使わないか」の主張を反転させていくと、富野監督が『ガンダム』の次に監督した『伝説巨神イデオン』の基本設定が頭に浮かんではこないだろうか。こちらは異星人とのファースト・コンタクトがきっかけで戦端が開かれるという物語だが、『ガンダム』ではあえて「オミットしたこと」をそのまま『イデオン』の初期設定に取り込んだのではないだろうか。

「未来戦争」の位置づけ方

一方で『ガンダム』は、これまでの歴史上の戦争と一線を画す部分も備えている。むしろこちらの「断絶」のほうが『ガンダム』における戦争描写では重要だ。どうして断絶が生じるかといえば、『ガンダム』で描かれているものが「未来戦争」だからだ。

アニメの中で戦争が取り扱われるとき、それは大きく二つに分けられる。ひとつは「過去に起きた戦争」。これはほとんどがアジア・太平洋戦争を扱っている。もうひとつは「これから起きる戦争（未来戦争）」で、これは米ソ冷戦を前提とした、核戦争が想定されることも多い。例えば第三章で触れた『サイボーグ００９』などに代表されるエピソードは、いずれも「過去の戦争」への後悔や反省が「未来戦争」を避けなくてはならないという主題へと一直線に結びついていた。

これが『ヤマト』になるとすこし関わり方が複雑になる。『ヤマト』は、侵略異星人ガミラス帝国によって、遊星爆弾を打ち込まれ、地球は放射能汚染によって絶滅の危機に瀕しているというところから始まる。放射能が絡むところは、極めて「核戦争＝未来戦争」的である。この未来戦争の中に、「ヤマト＝大和」という固有名詞を媒介にして、「過去の戦争」の記憶が呼び込まれるというのが『ヤマト』の構図なのだ。さらにそこに敵であるガミラス帝国の「総統を中心とする全体主義社会」が加わって、ここにある「未来戦争」が「過去の戦争」のある種の反復であるという色合いを帯びる。だからこそ第二話では直接的にかつての戦艦大和の悲劇が語られ、それを受けて「宇宙戦艦ヤマトは戦うための船ではない」という言い回しで、〝大和の悲劇〟を繰り返してはならないことが婉曲に示されるのだ。

このように過去の作品では「過去の戦争」の悲劇と「未来戦争」の回避が結び付けられているのに対し、『ガンダム』は、一ヵ所をのぞいて第二次世界大戦への言及がない。それにまつわる固有名詞も作中には登場しない。その言及がどういうものかは後述するとして、ここでは「過去の戦争」と実質的に「断絶」して描かれていることをまず確認しておきたい。

もちろん『ガンダム』の「戦闘もの」の要素に注目すると、第二次世界大戦を題材にした映画・TVドラマからの影響を見ることができる。しばしば『ガンダム』のイメージの源流として指摘されるのはアメリカのTVドラマ『コンバット』だ。『コンバット』は一九六二年から一九六七年に放送された作品で、ノルマンディー上陸作戦に参加したアメリカ陸軍の中隊を中心に人間ドラマを描くもの。ただし作中で描かれる作戦は架空のものになっている。シリーズ前半の、ホワイトベースが戦場を単独で移動しながら、さまざまな敵と遭遇するという展開の作り方が、『コンバット』に通じるものがあるといわれている。なかでも、避難民の母子が故郷の街を目指す第八話「戦場は荒野」や、ガンダムがジオン軍の歩兵に翻弄される第一四話「時間よとまれ」といった独立したエピソードが、『コンバット』的だと称されることが多い。ここでヨーロッパ戦線が舞台のドラマが想起されるところも、アジア・太平洋戦争からの断絶を感じさせるポイントである。そしてこうした影響関係は、「大衆娯楽の系譜」の結果であって、第二章で確認したような直接的にアジア・太平洋戦争を参照している例とは異なる。

どうして『ガンダム』の「断絶」は生まれたのか。

まず『009』や『ヤマト』では、アジア・太平洋戦争が取り上げられているところに注目したい。つまり、『009』も『ヤマト』も言及しているのは「日本人」であり、「日本人が経験した過去の戦争」なのである。

これに対して『ガンダム』は、世界国家である「地球連邦」が成立しているという設定が背景にあり、各キャラクターがどういった国家・民族の流れを汲んでいるかは、一応設定されているものの、表立って語られない。例えば、主人公アムロ・レイのレイに「嶺」という漢字があてられている設定があるが、これは「主人公が日本人でないと視聴者が感情移入できない」というTV局側のリクエストをかわすための方便でしかない。そのため最終的に本編では、レイが漢字で書けるといった設定は採用されていない。このように『ガンダム』のキャラクターは、誰もが等しくコスモポリタンとして取り扱われている。そのため日本人にとっての戦争であるアジア・太平洋戦争と直接関連付けることは難しくなっている。

もうひとつ「断絶」を強く感じさせる要素として無視できないのが「宇宙世紀」の採用だ。これにより『ガンダム』の世界で描かれるのは、我々の歴史＝西暦から直結しない「未来世界」の物語であるという部分が強調されている。

なお一九七八年一一月の「ガンボーイ　企画案」の段階ではまだ宇宙世紀は採用されていない。企画案にある年表をみると、西暦二〇三〇年代から宇宙移民がはじまり、二〇四五年には総人口の四〇%が宇宙に暮らしているとある。そして二〇六五年暮れに、宇宙移民の国家であるジオンからの侵攻が始まったと書かれている。

これが『機動戦士ガンダム記録全集』一巻に掲載された「機動戦士ガンダム　設定書・原案」になると、「宇宙暦（U.C.）」という言葉が出てくるようになる。この「設定書・原案」は一九七八年一二月一日にまとめられたものである。ここからかなり間近に放送が迫った段階で宇宙世紀が採用されたことがわかる。

このように西暦と切り離されている作品だからこそ、作中で第二次世界大戦に関して言及されるシーンが強い印象を残すことになる。

シリーズ終盤、地球連邦と戦うジオン公国のデギン・ソド・ザビ公王が、息子でジオン公国総帥のギレン・ザビを評するシーンだ。デギンは、優生思想・選民思想を語るギレンに対し「貴公はヒットラーの尻尾だな」と評するのだ。これに対して、ギレンは、思い出すような言い回しで「ヒットラー？　中世期の人物ですな」と返す。

ここでギレンが言う「中世期」がどのような時期を指すかは不明だ。だが、大事なのは、ギレンが思い出すような芝居をしていることからもわかるように、宇宙世紀に住む人々にとって、西暦とはそれぐらい遠い時代の話なのである。そのためヒトラーへの言及は歴史の連続性（繋がり）を感じさせつつも、直結させるのではなく、むしろ「断絶」を意識させるという、絶妙の距離感で扱われている。

かくして『ガンダム』における「戦争」は、「コスモポリタンによる未来戦争」であり、「第二次世界大戦」と一線を画したものとして描かれた。それはそれまでのアニメにはなかった

「戦争」の姿だった。ここで「過去のアジア・太平洋戦争」が「未来戦争」へと繋がる構図は廃され、「未来戦争」をもっともらしく見せるための細部として「現実の戦争」（と現実の戦争を扱ったフィクション）が引用されていくのが普通のこととなっていく。

『ガンダム』のリアルを構成する要素

『ガンダム』は当時のファンから「リアルだ」と言われた作品でもあった。断絶しつつもリアルと呼ばれるというのはどういうことか。これは大きく「時間的奥行き・空間的広がり」「細部の描写」という二つの要素によって支えられていた。

「時間的奥行き・空間的広がり」とは、戦争に至るまでの経緯、戦争となっている場所が立体的に設定されているということだ。それまでのアニメは、主人公の周辺だけが世界のすべてで、物語が始まる前の時間になにがあったかも不明瞭なものが多かった。それに対して『ガンダム』は、先述の通り、開戦までの歴史的経緯や、スペースコロニーはどこにどれぐらいあるのか、といった設定が（現在の公式設定とは異なるものの）ちゃんと用意されていた。

それらは作中で直接的に描かれるわけではない。しかし、登場人物たちが共有している「常識」を形作り、その常識がセリフの合間に垣間見えることによってリアリティが与えられていた。こうした「登場人物とは無関係に世界そのものが存在し、映像はその時間と空間の一部を切り取ったものだ」という姿勢がリアルという感覚を底支えした。これは現在ならば「世界観」という言葉で説明されるものだ。第二話「ガンダム破壊命令」でふと、過去の戦いとして触れられる「ルウム戦役」という単語は、『ガンダム』が世界観を持って語られている物語であることを端的に言い表していた。

もうひとつの「細部の描写」は、登場する兵器・小道具の描き方から生まれるリアリティのことだ。

『ガンダム』の世界のロボットは、モビルスーツという普通名詞を与えられている。そしてモビルスーツは工場で量産される工業製品のひとつとして描写された、これは『マジンガーZ』が確立した「博士の作ったワンオフのスーパーロボット」VS「毎週繰り出されるバラエティ豊かな敵ロボット」という構図から、さらに一歩踏み込んで「道具=兵器」と見立てて描かれることになった。

それまでも敵ロボットが量産されているという描写はないわけではなかった。代表的なものとしては『新造人間キャシャーン』(一九七三年)で人類に反旗を翻したロボットによるアンドロ軍団が使うツメロボが挙げられる。隊列を組んで行進するツメロボの大軍勢は、非人間的なロボットが敵であるという印象を視聴者に強く与える存在だった。

このツメロボと『ガンダム』のモビルスーツの間にはどのような差があったのか。それはモビルスーツが、「歩兵」として描かれた点にある。モビルスーツは人間型ロボットであることを生かし、当時のロボットアニメではまだ珍しかった手持ち火器を活用し(ロボットが銃を手にして戦うようになった嚆矢は一九七七年の『ザンボット3』である)、命令に従って戦場で活動する姿が描かれた。

本来ならば荒唐無稽といわれてしまう要素である「人型」が、量産という工業製品の側面と、歩兵として運用されるという描写が組み合わさることで、逆にもっともらしい雰囲気を獲得するに至ったのである。

また「工業製品としての歩兵」である以上、それまでのロボットアニメでは積極的に描かれなかった補給描写、メンテナンス描写も描かれ、リアリティに貢献することになった。

第四章でも指摘した通り、アニメのメカニック描写は「空想のものを本物らしく」という方向を志して進化していった。『ガンダム』の文芸面での「世界観の確立」、演出面での「運用の見せ方」もまた、このベクトルの上に乗ったものとして考えることができる。

誰も傷つかない「箱庭」の戦争

『ガンダム』が描いたのは、「確立された世界観」の中で「量産化された歩兵ロボット」が戦い合う「コスモポリタンによる未来戦争」だった。人類同士の戦争という一点でリアリティを確保しながらも、現実の戦争とは距離をとった『ガンダム』は、その結果として、「良心の傷まない戦争ごっこ」の舞台＝箱庭としてとても大きな役割を果たすことになった。アニメと戦争の関係において、これは非常に大きなエポックとなった。

『戦後日本のなかの「戦争」』（世界思想社）所収の高橋由典「一九六〇年代少年週刊誌におけ

る『戦争』」では、戦記ものブームを支えた少年たちの太平洋戦争に関する心理を分析して次のように記している。

「彼らは（引用者注：アジア・太平洋戦争の）道徳的評価に関し、全体と部分をつなぐ回路を断ち切ってしまったのである。『戦争』（全体）がいかに否定的に評価されようとも、それを実際に担っていた兵器、個人、あるいは人間関係それ自体（つまり部分）は、その評価を免れうる。それらにつけられているはずの負の符号をカッコに入れることができる。（略）兵器や戦闘に対して安心して感情を解放することができる。この『全体と部分の切断』が少年たちの経験を支えていた前提なのであった」

第二次世界大戦は、日本にとって多大な犠牲を払った負け戦であり、戦争を支えた政治的な諸条件を視野に入れないとしても、それをエンターテインメントとして消費するにあたっては、「距離感」の設定が難しい。一九六〇年代の少年たちは、そうした戦争全体の評価と、兵器や兵士のスペックやエピソードとを、断絶させることによって、安心して戦記ものを楽しむことができるようになっていた、というのが高橋の論である。

アニメと戦争の関係についても、これと同様のことがいえる。ＳＦ戦記ものとして制作された『ヤマト』は、しかしその名前ゆえに、どうしてもアジア・太平洋戦争を想起せざるを得なかった。そこには一抹の後ろめたさがつきまとう。

しかし『ガンダム』は、日本人が体験したアジア・太平洋戦争から完全に断絶した世界観である。そこでは戦争がいくら起こっても、現実の戦争と一定の距離感が保たれているから、エンターテインメントとして消費をしても後ろめたさを感じることはない。ファンは安心して、兵器、個人、あるいは人間関係といった「部分」を楽しむことができるのである。そういう意味で、『ガンダム』は、敗戦国である日本がようやく手に入れた、誰も傷つかない「戦争ごっこ」のための箱庭だったのである。この「箱庭」のファンに対する訴求力は強く、『ガンダム』は「SF戦記もの」としてシリーズを展開していくことになる。

これは作り手たちが意図したことではなかった。例えば富野監督は後年、次のように語っている。

「(引用者注：『ガンダム』は) スペースコロニーに移住した人類社会を描きましたが、そこまで生活圏を広げた人間たちを誰がどう統治しているのか、なぜ戦争が始まるのか、という設定に非常に頭を悩ませました。そこに安易な発想は持ち込みたくなかったし、無いアタマを絞って一生懸命考え、必死に勉強して、きっちり描いたつもりです。

領土、生活圏、資源、真の独立……そういう戦争の口実や原因、そして結果についての『ガンダム』の描写は、ある意味で第二次大戦の引き写しなんです。

僕にとっては、日本の過去の戦争を意識的に、あるいは無意識に投影した部分がある。そこには、屈折したものも含まれているかもしれませんが」

作り手たちは「未来戦争という絵空事」とそこで描かれるアムロの教養小説的なドラマにリアリティを与えようと考え、過去の現実の戦争も参考にして(しかし固有名詞はあえて引き継がずに)、ひとつの世界観を作り上げた。「箱庭」の側面は、構築性の高い「世界観」が生んだいわば副産物であった。しかし、この副産物はとても大きな影響力を持ち、ここでアジア・太平洋戦争的な固有名詞やエピソードとロボットアニメはすっぱりと切り離されることになる。

図5-1

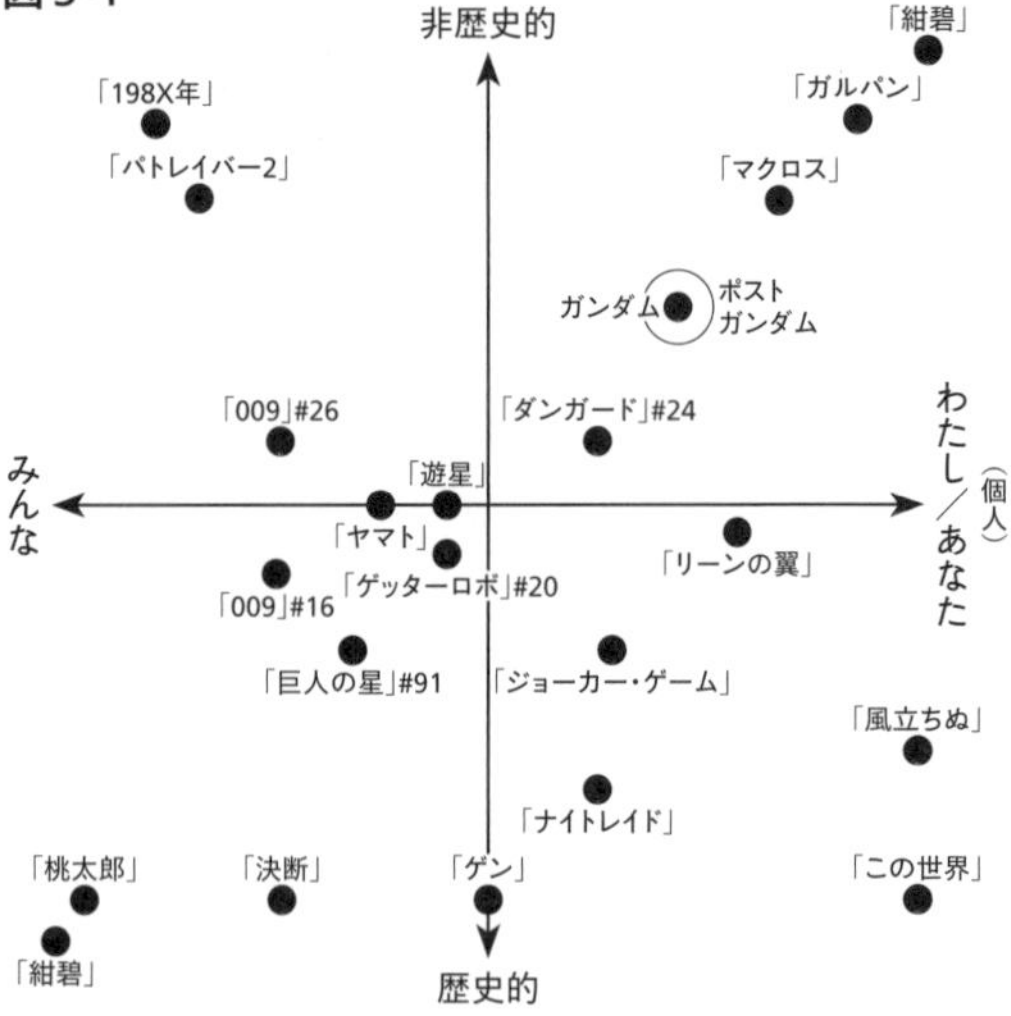

　ここで図5-1を見てみよう。この図は「戦争とその語り」を表している。縦軸に「歴史的／非歴史的」という形で、アジア・太平洋戦争からの〝距離〟をとり、横軸は「みんな／わたし」という、描かれた戦争が「集団（例えば日本人や地球人）の体験」として扱われるか「個人の体験」として扱われるかという、「語り」の傾向の違いを現している。戦意高揚作品であった『桃太郎 海の神兵』が「歴史的／みんな」の象限に位置するのはもちろんのことで、『巨人の星』『009』『ゲッターロボ』といった作品のアジア・太平洋戦争を扱ったエピソードも、傾向の差はあれど、基本的にこの象限に位置する。『宇宙戦艦ヤマト』は、歴史そのものを扱ってはいないが、ヤマトの名を経由してアジア・太平洋戦争の記憶を背負っており、人類全体の危機を

描くという点で「集団の体験」の物語である。その点でかなりはずれの位置ではあるが「歴史的／みんな」の象限に位置している、

これに対し『ガンダム』に登場する戦争は、架空の未来戦記でありアジア・太平洋戦争とはリンクしていない。また物語も、人類全体の物語というより、アムロという個人にフォーカスした内容になっている。『ガンダム』は、それまでの作品と異なり「非歴史的／個人」の象限に位置するのである。『ヤマト』と『ガンダム』の間にある断絶は、このように属する象限の違いによって、はっきりと示されるのである。

この断絶を意識したとき、一九八〇年代に入ってからの「アニメと戦争」の諸相もまた見えてくることになる。

戦争を描くことへの反響

アニメブームが大きなムーブメントなり、注目を浴びる過程で、アニメが戦争を描くことの是非がメディア等で取り上げられるようにもなった。

一九八一年三月一八日付朝日新聞の「若者」欄で、劇場公開された『ガンダム』に徹夜で並んでいる若者に取材した記事が掲載された。その記事は映画館前で徹夜する行為を「メカ好き根暗少年の連帯の場」と位置付け、最後を「戦いの中の青春――エルサルバドルや中東で、現実に起こりつつあることのように、映画を見終わって、思う。メカ少年たちは、戦いが起きた

時、アムロのように銃を取るのだろうか――」と締めくくっている。

この記事に端を発して、同二五日付、四月一日付の同欄に、一〇代の読者からの意見が掲載されることになった。二五日に掲載された一九歳の男性の意見が、一八日付記事への反論の形だったこともあって、この一連のなりゆきは論争の色を帯びることになった。

四月一日の記事は、さらに読者からの四通の投書を掲載しており、三月一八日付の記事を執筆した「若者」欄担当記者記者が次のようにまとめを書いている。

「こだわってみたいのは、『ガンダム』が、若者にとって『戦争を考える材料になっている』(谷川清子さん〔引用者注：投稿者の名前〕)という点です。

(略)

『絵空事を通してしか戦争を考えることができない』。

この事実を、われわれは幸福と考えることにしましょう。そして、この〝幸福〟を長続きさせるために、われわれは『絵空事』を頼りに、どれだけ想像力と知力を戦争の実相に迫れるか、に努力すべきでしょう。ある作品を共通の材料として、戦争について考える――そうしたことを可能にする作品が、若者にとって決して多くないだけに、あえて『ガンダム』を取り上げたゆえんでもあります。

この点、集まった投稿が、作品の性急な評価やアニメ文化論に傾きがちだったのは少々残念です。(略)議論の深化を期待しています」

ここでは「アニメに描かれた戦争」がメディアで取り上げられるとき、「フィクションの戦争を通じて戦争を語ることの是非」と「アニメ作品の評価」がすれ違っている。『ヤマト』の受容についても、よく似たすれ違いがあったという指摘がある。一ノ瀬俊也『戦艦大和講義』（人文書院）には、一九七八年に公開された『ヤマト』の続編『さらば宇宙戦艦ヤマト　─愛の戦士たち─』がファンにどのように受け止められたのかを論じた部分が出てくる。一ノ瀬はそこで当時、子ども調査研究所代表だった高山英男の一九七八年の調査を引いて次のようにまとめている。

「結論から言いますと、確かに子供たちは『さらば～』で泣きましたが、それだけでした。舛田や西崎たち作り手が込めたナショナリズムには『無関心』だったというのです」

「子どもたちは泣いてスッキリすることで重苦しい日常から逃避したかったのであって、ヤマトの物語に『トチ狂う』ほどの感銘を受けていたのではない、というのです。高山のみたヤマトとは『真に狂うことを触発しない、安全性の高い〝スナック性お楽しみパック〟』に過ぎませんでした」

高山は、このような彼女たちの会話を聞いて「既成文化の乗っ取り！『生命とは死を超えるもの。君は愛のために死ねるか』という『ヤマト』プロデューサー・西崎義展氏の思い入れたっぷりのメッセージも、ティーンズたちによって軽くいなされ、彼らの遊び道具としてのっとられてしまった」と結論します。子どもたちは、大人文化を仲間内のコミュニケーションの道具として利用していたにすぎないというのです。彼の観察に従うなら、約三〇年も昔の「一億総特攻」話など、彼・彼女らの一顧だにするところではありませんでした。もはや〝先の戦争〟とは完全に縁が切れていたのです。

一ノ瀬が高山の調査から引用した当時の中学生女子の会話は、いかにも『ヤマト』をキャラクターやキャストの魅力を〝表層的に消費〟している感じのものだ。それは『ガンダム』の魅力を自分の言葉で語ろうとしている朝日新聞への投書と方向性は異なる。しかし「自分たちはアニメ文化を楽しんでいるのだ」という基本の立脚点は共通する。『ガンダム』について「戦争を知るきっかけになる」というロジックも、「漫画もためになる」的な「文化の効用」を説いているのであって、それが第一の目的ではない。

世間や社会、あるいはマスコミが持っている「戦争」への忌避感、反戦意識というものと、エンターテインメント（アニメ文化）として作品を楽しんでいる側のすれ違い。これは『ヤマト』『ガンダム』を経た世代が造り手になっていく一九八〇年代になると、また複雑な様相を見せるようになる。

6

「ポスト戦後」時代の戦争アニメ

戦争のサブカルチャー化

戦後のアニメは、実際に起きた太平洋戦争を作中に取り入れた時期の後、『宇宙戦艦ヤマト』『機動戦士ガンダム』を経て「架空の戦争」をリアリティをもって描く方向へとシフトしていった。多くのひとの共通体験である歴史的な出来事から、非歴史的な架空の箱庭の中での出来事へ。それはアニメの中の戦争が実際の歴史を離れて、サブカルチャー化していく過程といえる。そして、一九八〇年代はまさに、戦争のサブカルチャー化が一気に進む時代となった。

第五章で示した図5‐1で確認した通り『ヤマト』と『ガンダム』の間にある断絶は、図の左下の象限から右上の象限へのパラダイムシフトとして表されている。

この図を改めて見ると、最も左下に位置する『桃太郎　海の神兵』から始まり『ヤマト』『ガンダム』を経て右上へと進んでいくベクトルを描くことができる。これがそのまま戦争のサブカルチャー化の過程を現している。そして一九八〇年代のアニメにおける戦争は、第一にこの右上の象限に位置するものが中心となっていく。

ただし、右上の象限のものだけが、一九八〇年代の戦争を扱ったアニメのすべてではない。右上でサブカルチャー化した戦争を扱うロボットアニメがある一方で、「証言」の時代を体現する太平洋戦争の体験を伝えるためのアニメ映画が制作され、それ以外にも来たるべき第三次世界大戦を描こうとした作品も存在している。さらにサブカルチャー化したロボットアニメに対して、批評的な視点を盛り込んだ作品も登場した。

戦後三五年が経過し、ポスト戦後というべき状況が始まった一九八〇年代の「アニメにおける戦争」は、このように「太平洋戦争の記憶」と「サブカルチャー化した戦争」と「未来の第三次世界大戦」が混沌として存在していたのだ。

「リアルロボットもの」というジャンル

『ガンダム』のヒットにより、一九八〇年代前半は、一九七〇年代とはまた異なった多彩なロボットアニメが制作された。それらは多かれ少なかれ『ガンダム』の影響を受け、独自の世界観が設定され、「その世界観をバックボーンに持つ工業製品としてのロボット」が活躍するというパターンを採用した。ヒーロー性に軸足をおいたロボットアニメであっても、「世界観と紐付いた工業製品」という要素はある程度取り入れた。こうした作品は俗に「リアルロボットもの」と呼ばれることになった。このリアルロボットものは、右上のゾーンの中核をなすジャンルと言ってよい。

このリアルロボットものがジャンルとして成立するにあたっては、一九八一年に放送された『太陽の牙ダグラム』（高橋良輔監督）の存在が大きい。

富野由悠季監督は、『ガンダム』後に『伝説巨神イデオン』（一九八〇年）を手掛けた。異星人とのファーストコンタクトに失敗したことから始まる戦乱を描いたこの作品は、ドラマを含めたフィルムの肌触りこそ「ポスト『ガンダム』」と呼ぶにふさわしい内容をもっていた。しかし本作によってリアルロボットものというジャンルが成立することはなかった。

その理由はいくつか考えられるが、大きな理由として、『イデオン』の場合、敵味方のロボットを支えるロジックが異なっていたということが挙げられる。

『イデオン』は、遺跡から発掘された乗り物が合体する巨大人型ロボット・イデオンがメインメカだ。それに対して異星人であるバッフ・クランは、非人間型のロボット・重機動メカを操って攻撃してくる。異文明同士の戦闘であるがゆえに、双方のメカの拠って立つ場所が意図的にズラされているのである。

これは『ガンダム』が採用した、両軍が「モビルスーツを主力兵器として戦う」という構図とは大きく異なる。『ガンダム』の「リアル感」の根底には、モビルスーツという存在を、現実の歩兵や戦車や航空機といったものの置き換えとして表現した点が挙げられる。それに対して『イデオン』に登場するロボットは、そこまで単純な置き換えを許さないものとして表現されている。

それに対し『ダグラム』は、新たな世界観とロボットを立ち上げるにあたって、「どこを押さえると『ガンダム』的な作品になるか」という点について非常に自覚的に作品世界を組み上げていった。そして植民惑星の独立戦争を背景に、コンバットアーマーと呼ばれる普通名詞を与えられたロボットが戦う世界観が出来上がった。これによって「ここを押さえるとリアルロボットものになる」という「公式」が成立したのだ。こうして『ガンダム』が切り開いたリアルロボットものという方法論は、『ダグラム』によってジャンル化されたのであった。

さらに付け加えると『ダグラム』のメカデザインは『ガンダム』の大河原邦男が担当しており、その点も『ダグラム』が『ガンダム』の直系と感じられた大きな理由だろう。『ダグラム』はプラモデルなどのセールスが好調で放送期間が半年延長されて全七五話という長いシリーズになった。こうして『ガンダム』が発見した「良心の痛まない戦争ごっこを可能にする箱庭」という発想は、リアルロボットものというジャンルの中に定着し、さまざまな作品が登場することになった。

高橋監督はなにを描こうとしたか

ここで改めて確認したいのは、リアルロボットを制作していたスタッフは、どのような意識で戦争を描いていたか、だ。そこでひとつの例として、『ダグラム』の原作・監督に名を連ねた高橋良輔の発言を追ってみたいと思う。

高橋は一九四三年生まれ。『ガンダム』の富野由悠季より二つ年下にあたる。長らく「ロボットアニメはやらない」といって距離をとっていたという高橋監督だが、『ダグラム』でロボットアニメに本格的に関わることを選び、その後は様々なロボットアニメを手掛けている。ロボットアニメを通じて何を描くかについて、高橋はまず次のようなことを考えたという。

「『自分が生きた時代を描く』ということに尽きると思う。

ではあたしらの時代とは何か？ 今となっては少し照れるが、それは〝戦争と革命〟だと思ったのだ。あたしらはあの第二次世界大戦のさなかに生まれた。そして戦後のただなかに育ち、世界に散らばる植民地の雨後の筍のような独立ラッシュを目の当たりにし、冷戦の中、核戦争の恐怖におびえ、学生運動のうねりとあのベトナム戦争を生きたのだ。

白状しよう、あたしらはノンポリだった。この身体を機動隊の催涙ガスの前に晒したこともなければベトナム反戦に身を挺したこともない。だが溢れる情報の中で己の不甲斐なさと怠惰を呪ったことは間違いなかった。だから染み付いているのだ。あの時代の何かが」（『アニメ監督で…いいのかな？』KADOKAWA）

また高橋は、ＷＥＢエッセイ「飛行機雲に誘われて」の中で、次のように自分と太平洋戦争との距離を語っている。

「あたしらもあたしらの世代にあっては珍しくもない境遇を戦争によって与えられてしまった。母は戦争寡婦で、その後再婚をしなかったのでずーっと母子の二人暮らしだった。これって人生においては良くも悪くも決定的なことで、あたしらの体も心もそのことが土台にあるのは間違いなく、その上に立っての人生だったとこの頃つくづく思うのである。しかしそのことを作り出した戦争は、ある時は『第二次世界大戦』と呼ばれある時は『太平洋戦争』とも呼ばれ、非戦闘員も含めて３８０万人の戦死者を出しながら、すでに歴史上の出来事となりつつある。自分の身に直接的最大の影響を与えた出来事がすでに歴史となりつつあるのを不思議にも思い

ながら、そういえば、

(あたしらだって戦争の記憶はないし、その後の苦労だって親の世代がしたんだよな)

と思っている。それがあたしらにとっての、よく言われる〝先の大戦〟という奴である。

しかしそんなあたしらにとって先の大戦となっていないのが〝ベトナム戦争〟なのだ」(同第一八回)

「ベトナム戦争は言われるところの宣戦布告のない戦争で、ここからという数字的なものがはっきりしない。1960年12月20日、南ベトナム解放民族戦線(National Liberation Front、略称はNLF)が結成されて戦いが本格化したと言われている。

1960年といえばあたしら17歳、それから終戦まで15年、決定的に影響を受けてしまった。今あるあたしらの半分はあの頃作られたと言っても過言ではなく、『太陽の牙ダグラム』も『装甲騎兵ボトムズ』もそのおかげで生まれたと思っている」(同第一七回)

高橋の述懐からまずわかるのは、太平洋戦争は直接的な体験ではないものの、親世代を通じて、自己確立に大きな影響を与えているということだ。表層では第二次世界大戦から距離があるように見えるリアルロボットものでも、一九四〇年代の作り手の底流には「親の体験した太平洋戦争」と「世相の中で体験したベトナム戦争」があるのだ。

この述懐は、作り手の人生経験が作品に反映されるというごく当たり前の話ではある。そして第五章で引用した富野の発言とも通じるところは多い。しかし、アジア・太平洋戦争やベトナム戦争が人生経験に反映されるということそのものは、決して「当たり前」ではない。これは、後述する一九六〇年生まれのスタッフたちの「自分たちの世代にはなにもない」という体感と明確なコントラストを描いている。

キリコという主人公像

高橋は自作に共通するのは「組織に拠らずにいかに自己確立しうるかというテーマである」と語っていた。確かに高橋作品は『ダグラム』以降に制作した『装甲騎兵ボトムズ』『機甲界ガリアン』『蒼き流星SPTレイズナー』『ガサラキ』と、国家を含む組織の対立の中で、どちらにも属さない（属すことができない）境界線上の人間を扱っている。「ノンポリ」をひとつの思想的態度としてとらえ、そこから「戦争と革命の時代」を眺めようというのが高橋の戦後における立ち位置ということなのだろう。

そこを踏まえて『ボトムズ』を振り返ると、戦争描写はリアルロボットものを成立させ魅力的に見せるための表層的な仕掛けであり、本作の主題が「どこにも属さない主人公」であるということがはっきり見えてくる。

『ボトムズ』に登場するロボットはAT（アーマードトルーパー）と総称される。ATは、占領軍のジープのイメージから発想した四メートルサイズのロボットで、ロボットアニメ史上、最も小型な部類に属する。『ダグラム』に続きこちらのデザインも大河原が手掛けている。

本作はアストラギウス銀河という架空の宇宙が舞台で、一〇〇年以上も続いたギルガメスとバララントの戦争が終わったところから物語は始まる。

主人公キリコは、生まれたときから戦争しか知らない帰還兵であり、感情表現も不得手。このあたりはベトナム戦争の帰還兵を主人公にした『ランボー』（一九八二年）がヒントになった部分だという。また第二クールで舞台となったクメン王国は、国土の多くがジャングルに覆われ、内戦状態にあるという設定で、こちらはベトナム戦争を扱った『地獄の黙示録』（一九七九年）などの影響が感じられる。このように『ボトムズ』の表層は映像として表現された戦争が意匠として取り込まれているのである。これは『ガンダム』の前半のいくつかのエピソードが、TVドラマ『コンバット』的である、と評されたこととも通じる。

一方、キリコはクライマックスで、最終的にアストラギウス銀河の歴史を陰で操っていた超越的存在であるワイズマンと対峙する。その過程でキリコは自分が人ならざる異能生存体であることを知る。キリコの戦場における異様なまでの強さも自身が異能生存体であるからこそだった。だからこそワイズマンは後継者としてキリコを選んだのだ。だがキリコは、ワイズマンを倒し、新たに起きた戦争で自分が利用されないようにと愛するフィアナとともに冷凍睡眠に就く。神であるワイズマンに近い存在でありながら、神を裏切り、しかし人とともに生きることも選ばない。それが自分が何者かであることを知ったキリコのどこにも寄りかからない選択だったのだ。

「なにもない」世代の描く戦争

高橋は自分の生きてきた時代を「戦争と革命の時代」と認識していた。それに対し一九八二年から放送が始まった『超時空要塞マクロス』のメインスタッフはこんな発言をしている。

――逆に主人公の一条輝は、優柔不断でかなり〝等身大〟を意識した存在に見えました。

美樹本　基本的には、僕が男性キャラを書き慣れてないので、主人公らしからぬキャラになった、というのがまずあったと思います。

河森　でも考えてみると、あの輝の性格は……（美樹本くんに）似てない？

美樹本　いや、そうは言うけど（河森くんの性格も）相当入っているでしょう（笑）。

河森　そうだね。親の世代みたいに戦争経験があるわけでもないし……。

美樹本　団塊の世代みたいに学生運動やってたわけでもない……。

河森　そういう自分たちの世代の根なし草な感じは入っているんだよね。

美樹本　挫折を経験するポピュラーな体験が恋愛ぐらいだからね。

河森　でもそれを宇宙戦争ものでやった例がなかったから、上の世代の反発を招いたよね。企画当初に含まれていたドタバタタッチだった部分を極力減らしたかったんだけれど、うまくいかない部分もあったし。

『月刊ニュータイプ』二〇〇八年一〇月号

対談をしているのはキャラクターデザインを担当した美樹本晴彦と、メカデザインをはじめクリエイティブの中核を担った河森正治。美樹本は一九五九年生まれ、河森は一九六〇年生まれ。富野や高橋と比べて二〇歳近く若く、この若さはポスト『ガンダム』の中でも、『マクロス』が異彩を放つ一因となった。

『マクロス』のどこが異彩を放っていたのか。それは作品の個性が一九八〇年代という時代性と深く結びついていたからだ。そしてそれは同作が戦争を扱うときの手つきとも無縁ではなかった。

『マクロス』の物語は、一九九九年、宇宙から一隻の巨大宇宙船が落下してきたことから始まる。その宇宙船により人類は、宇宙人と大規模な星間戦争の存在を知る。地球統合政府の樹立とその後の統合戦争を経て、二〇〇九年には巨大宇宙船の改修が完了する。マクロスと名付けられたその宇宙船が進宙式を迎えたその日、異星人ゼントラーディとの戦端が開かれる。戦いに巻き込まれたマクロス周辺に住む民間人約五万人は、市街地ごとマクロスに収容されることになる。こうして艦内の巨大な空間に都市が作り上げられ、人々はそこでそれまでと変わらない日常を過ごし始めた。かくして本作は人類とゼントラーディ軍の戦争と、主人公・一条輝と二人のヒロイン、アイドルのリン・ミンメイと軍人の早瀬未沙が織りなすラブコメディを並行して描くことになった。

ミスマッチも甚だしい「戦争」と「ラブコメ」だが、どうしてこのような企画が成立したのか。

そもそも『マクロス』の原型は、企画コンペの当て馬のために準備された『バトルシティー・メガ・ロード』という企画だった。『メガ・ロード』の時点ではもっとパロディ色が濃く、「艦長夫人の不倫騒動」などのドタバタしたエピソードが中心に考えられていたという。ムック『MACROSS PERFECT MEMORY』（みのり書房）には河森による「ルーツ・オブ・マクロス」という記事が掲載されており、そこにTVシリーズの『うる星やつら』への言及がある。『うる星やつら』は高橋留美子の漫画が原作で、SFの味付けが施されたドタバタのラブコメディだ。そこには「TVシリーズの『うる星やつら』がスタートし、パロディ的要素の多いシリーズになると予想されたので、今さらメガ・ロードまでパロディをやる必要はないと考えられ、パロディ要素を極力排除していく事にする」と記されている。そこからも『メガ・ロード』が当初想定していた方向性がうかがえる。

そのアイデアの中に「アイドルを目指す中華料理店の看板娘」というキャラクターがいて、これがミンメイとして『マクロス』に登場することになった。シリーズ構成の松崎健一は「少年誌において〝萌え〟、当時はまだこの言葉はありませんでしたが、そういったようなジャンルが認知されてきていると思っていました。『タッチ』（引用者注：あだち充による漫画）などが代表作でしょうか。『メガ《マ》ロード《マ》』はそのような企画でした。それは『マクロス』にも受け継がれています」（『グレートメカニックG』2018AUTUMN、二〇一八年）と、当時少年漫画でひとつの潮流になっていたラブコメ漫画が『マクロス』に影響を与えていたと証言している。

一方でスポンサーが登場するメカニックを玩具化、プラモデル化する以上、メカの見せ場として戦闘は不可欠だった。そのため企画には必然的に「戦争」要素が盛り込まれることになる。『マクロス』の場合、そこに投入されたメインメカの可変戦闘機バルキリーが多くのファンの心をつかんだ。バルキリーは画期的なことに、実在の戦闘機F‐14とよく似たシルエットを持ちながら、スマートなロボット形態へと変形することができるメカニックだった。『ガンダム』の影響で変形や合体といったギミックは「玩具っぽい」と忌避されるムードがある中で、現用兵器そっくりの飛行機がスピーディーにロボットへと変形するという発想で、変形を〝リアルなもの〟として視聴者に再認識させることに成功した。

実制作がスタートすると、先述の通りパロディ色は抑えられ、シリアスなテイストが主軸に据えられたが、「ラブコメ」要素は変わらず残り、企画として不可欠な「戦争」要素と組み合わされ、そのミスマッチな取り合わせが『マクロス』という作品を形作ることになった。

『マクロス』がユニークだったのは、このミスマッチを生かし、最終的に「アイドルソングによって戦争が終結する」というSF的なアイデアへと昇華させたところにある。アイドルソングと戦争の映像を組み合わせるという発想の由来について河森は前掲の美樹本との対談の中でこう語っている。

「河森　原点は、ベトナム戦争のころのニュース放送で、チャンネルを変えるとアイドルが歌っているわけで。現実なのにリアリティのないこの乖離した雰囲気を作品に持ち込めたらお

もしろいな、とは思ってました」（『月刊ニュータイプ』二〇〇八年一〇月号）

「消費」と「等価」

『マクロス』第九話「ミス・マクロス」は戦争とラブコメがどういう手つきで組み合わされているかがよくわかるエピソードだ。

冒頭、輝とミンメイがマクロスの市街に喫茶店で会っている。ミンメイは中華料理店・娘娘（ニャンニャン）の看板娘。ミンメイに気がある輝は、次の待機任務のときに、ミンメイに出前を持ってきてほしいと頼む。

ところがその後、待機任務の日にミンメイは来られないことがわかる。艦内でMBS（マクロス放送局）がTV放送を開始する記念として、ミス・マクロス・コンテストを開催することが決まり、ミンメイも出場することになってしまったのだ。

コンテスト当日、待機を抜け出してコンテストを見に行く輝。ところが敵の偵察機が接近し、輝に緊急出動の命令が下る。コンテストに未練を残しながらもバルキリーで出撃する輝。コクピットの中で輝は通信機のチャンネルを変更し、コンテストのTV中継を見る。やがて戦闘が始まり、輝はかろうじて偵察機を破壊するも、バルキリーも大きく破損する。大破した機体の中で気がついた輝が、ミンメイがミス・マクロスに選ばれたことを知り、エピソードは終わる。

本エピソードでは、マクロス艦内の町では、戦争が始まる前とまるで変わらない日常が続いている様子が描かれる。五万人を超える民間人がどのような社会を構成しているか詳しくは不明だが、食料品も衣料品も豊富で、さらにはマスメディアも存在している。これは視聴者が想定する放送当時の都市部の消費社会そのままの姿である。

また輝の行動を見ると、彼の中では「軍人としての仕事」と「恋愛」が完全に等価な――むしろ「恋愛」のほうが重い――ものとして描かれており、待機中に抜け出してコンテストを見に行くことも、コクピットでその成り行きを追いかけることも、輝はなんの躊躇もしていない。この輝の行動は第二話「カウント・ダウン」で描かれた、輝がミンメイを窮地から救った際の会話とも通ずるものがある。髪の毛が乱れたことを気にするミンメイに、輝が「命と髪の毛、どっちが大事なの？」と突っ込む。そうするとミンメイは笑顔で「もちろん、髪の毛！」と答え、輝も「だよねー」と応じる。

もちろん、これは本当に「命より髪の毛」と思っているわけではない。それは命が助かった後、緊張感がほぐれたからこそ出てきた軽口に過ぎない。しかし、そこで引き合いにだされ「だよねー」と共感を呼ぶぐらいには「髪の毛」もまた大事なのである。ここで「命とファッションのどちらが大事か」という問いかけの答えは、自明のものではなく、その価値は拮抗しているのである。

京都新聞は二〇〇九年に「ゲンダイ人類学」という連載の中で一九八〇年のカルチャーを取り上げ、以下のように端的にまとめている。インタビューに答えているのは広告論が専門の青木貞茂・同志社大教授である。

「時代のキーワードは『消費』と『等価』。戦後社会の重しだった既成の権威や価値の序列が崩れ、あらゆるものが「好き嫌い」で測られるようになった。

『例えば文化や学問は、それまで消費されない、してはいけないものだった。それが広告と結びついたサブカルチャーが脚光を浴び、七〇年代のカウンターカルチャーを追いやった』。知の領域では、浅田彰さんらの「ニューアカ（デミズム）」が一世を風靡。相対主義と価値観の水平化がラジカルに進んだ。

『岩波文庫もファッション誌も同価値だ』『タクアンと松阪牛ステーキも同じ』。そんな文句に皆が驚き、うなずいた。『一億総中流といわれた時代。そんな幻想が成り立つだけの豊かさを、国民の大半が実感できた』」

「ミス・マクロス」にみられる街の風景や輝の描写は間違いなく、消費社会を前提としたライフスタイルと、あらゆるものを「等価」に見る価値相対主義の視線に支えられている。

『マクロス』は「メカ」と「美少女」を組み合わせた作品の嚆矢といわれている。これは「ファンの（あるいは作り手）の好きなものの組み合わせ」という説明をされることが多い。しかし大事なのは、その背景には、豊かさが前提となった消費社会の成立があり、あらゆるものを等価にみる価値相対主義の視線がある。だからこそ、それまでなら並び立つはずのない「戦争」と「ラブコメ」が同じ重さで作中に描かれることになったのだ。

一九六〇年前後に生まれたスタッフ

こうした「等価」の感覚は、政治の季節が終わり、豊かさの中で主義よりも趣味が大事になった世代ならではのものといえる。実際、『マクロス』のスタッフは若かった。

チーフ・ディレクターの石黒昇こそ『ヤマト』のメインスタッフを務めた、少国民世代の一九三八年生まれだが、ほかのスタッフはもっと若い。シリーズ構成の松崎（彼もスタジオぬえのメンバーである）が一九五〇年生まれで少し年長だが、それ以外の中核メンバーは一九六〇年前後に生まれたスタッフが多い。すでに述べた通り美樹本は一九五九年、河森は一九六〇年生まれ。またメカ作画監督として、バルキリーのドッグファイトを超絶技巧で描いた板野一郎は一九五九年生まれで、作画監督で腕をふるった平野俊弘（現・平野俊貴）は一九五六年生まれである。一九七九年放送の『ガンダム』のメインスタッフには団塊の世代が多かったのに対し、三年後の『マクロス』のメインスタッフはそこからさらに一〇歳近く若くなっているのだ。

世代の差による感性の違いは『アニメージュ』一九八三年一二月号で行われたアニメーション監督・宮崎駿と河森の対談でもよくわかる。なお宮崎は一九四一年生まれである。

宮崎　個人的趣味をいって申しわけないけれど（笑）、ヒロインが歌をうたうでしょう。でも、ぼくなんかだと、あんな歌をきいたらはげまされないで、反対に腹がたってくるだけなんじゃないか。「おれはマジメに戦争やっているんだ！」と、そういう気分になるんじゃないか。そういい《ママ》感じがどうしてもするんですよね。もっと貧乏にできないですかね。突然変なことをいうようだけれど、パイロットはニンジンのスープがもらえるとか、肝油が1杯よけいにもらえるとかね（笑）。なぜ、ああいうふうに、帰ってくると豊かな日常生活がまっていて、歌をうたったりしているのか（笑）。

河森　そのへんは、ある意味ではアメリカの軍隊に基本を置いているせいもあるんですよね。ものすごくいい料理を食べているとか、そういうことを知ってしまっているから。

この会話にみられるすれちがいは、それぞれの持つ軍隊観や参照先が異なっているというだけではない。宮崎は、戦争をしている側に立ち、そこからアイドルを見た場合を想像して違和感を表明している。これはブラウン管の中で戦争とアイドルが並置されているところに興味を持った河森とは立脚点がまったく異なる。また河森が、ごく自然に現代のアメリカ軍を参照していると語る点も重要だ。ここにアメリカとの歴史的な経緯を含めた関係性から生まれる葛藤はなく、現代の消費社会の中に存在する軍隊の代表としてごく自然に参照先に選ばれているのだ。

斎藤美奈子、成田龍一編著『１９８０年代』（河出書房新社）の中で、成田は「八〇年代は戦後的なものがポスト戦後的なものに変わっていく時期であるわけです」と語っている。また同書の中の鼎談で、社会学者の大澤真幸も「八〇年代というのは、戦後史の全体の流れで見ると、今振り返ってみるとですけれど、日本が戦争に負けた、そういう戦争があったということが真に忘れられた時代だと思います。そのなくなり方のひとつが『なんクリ』（引用者注：田中康夫『なんとなく、クリスタル』）に表れている」と語っている。

この大澤の発言を補足すると、この発言は文芸評論家の江藤淳が村上龍の『限りなく透明に近いブルー』（一九七六年）を評価せず、田中康夫の『なんとなく、クリスタル』（一九八〇年）を評価した、という話題をめぐってなされている。

大澤は、江藤のこの二作に対する評価軸を以下のようにまとめる。東京都福生市でドラッグや暴力に明け暮れる主人公を描き、〝文学らしさ〟という意味では正統な『限りなく透明に近いブルー』。それに対して大学生たちの恋愛模様にブランドなどの固有名詞を盛り込み、四二二個の固有名詞に注をつけた『なんとなく、クリスタル』。江藤は、前者の中に「基地文学」ゆえの〝アメリカの存在を前提〟としていることを感じ、後者には〝アメリカの存在に対する屈折がないがゆえに、自立の第一歩に見えた〟というのが大澤の解説であり、これが、戦争が忘れられたという発言につながるのである。

河森のアメリカ軍を参照したという発言には「アメリカの存在に対する屈折のなさ」が見える。それは「自国／他国」「戦敗国／戦勝国」といったものに重きをおかない、ポスト戦後的な感性の現れだ。

教条的反戦主義者、カイフン

『マクロス』が描いた戦争という観点から無視できないもうひとつの要素が、リン・ミンメイの従兄であるリン・カイフンというキャラクターである。カイフンは、教条主義的な反戦主義者だ。負傷したときにハンカチを手渡されても、相手が軍人であるわかるとそれを拒否するぐらい頑なな人間で、その硬直した主張と人間的な魅力に欠ける点は一体のものとして描かれていた。

これは空想的平和主義者をカリカチュアしているわけだが、ここにも一九八〇年代らしさを見つけることができる。

『1980年代』で文芸評論家の斎藤美奈子は、一九八〇年代の気分を振り返って次のように語っている。

「『脱構築』という言葉も流行りましたよね。つまり、関節をはずしていく。『金魂巻』でも『見栄講座』でも『現代思想・入門』でも、みんなそうなんですよ。今まで肩に力を入れて『勉強しなければいけない』『人生こう考えなければいけない』『世の中はこうでなければならない』って言っていたのが、「そんなのどうでもいいんちゃう?」っていう感じになる。だけど、『どうでもいいんちゃう?』と言いながらそれをぜんぶ捨て去るわけではなく、見方を変える、足元で威張っていそうな奴をこかすみたいな――すごい雑なとらえかたですけれども――」

まさにここで書かれたような、カイフンは「世界はこうでなければならない」と肩に力を入れていたキャラクターだからこそ、あえて「こかされた」のだ。

こうした、政治をまじめに取り扱わず「こかしていく」姿勢は、一九八二年に発表されたアマチュア特撮映画『愛国戦隊大日本』にもみることができる。こちらは特撮番組「スーパー戦隊」シリーズをベースにしたパロディで、神國・日本を狙う悪の組織レッドベアーと愛国戦隊大日本が戦うというストーリー。冷戦下におけるソ連脅威論が下敷きになっている。本作を制作したアマチュアフィルムメーカーDAICON FILMもまた一九六〇年前後に生まれたメンバーが中心だった。彼らは後にアニメ・ゲームを手掛ける制作会社ガイナックスを興すことになる。

たわむれのひとつとしての「戦争」

消費社会とともに成長した世代にとって、価値相対主義は自明のことで、「戦争」は戯れのひとつとして扱われることになる。これはエンターテインメントの世界だけではなく、太平洋戦争が忘れていく「ポスト戦後」の中での戦争像として普遍的なものだった。

『別冊宝島』一一〇号「80年代の正体!」で、評論家の浅羽《あさば》通明《みちあき》は「一九七九年、僕たちは二十歳だった」という書き出して、「刈り上げおじさんがコム・デを着て、銀ぶち天才少年とチベットから来た男の登場で始まった」という一文を寄せている。ここでいう「僕」は、一九五九年生まれの浅羽自身というより、一九六〇年前後に生まれた当時の若者の気分の代弁者であり、そこに批評的な視座を交えつつ一九八〇年代の各トピックを総覧した一文だ。同書の中では総まとめ的な位置にある原稿といえる。その中に「戦争」をめぐる一節もある。

この文章はまずこう記す。

「これまた幸いなことに、日本的道徳も戦後民主主義的正義も、解体し風化して力を消耗させていた。（略）そして僕たちが遊んで日々をおくれるために、戦後日本の平和と繁栄がある。僕たちはそう思おうとした」

そして語り手である〝僕〟は戦争にまつわる二つのフィクションからセリフや文章を引用する。


「俺は好きこのんで戦争してるんだ／こう見えたって昭和三十年代の生まれだぜ！人から言われて戦争なんか出来るかよ／やりてェときにやりてェ場所でやって！やめてェときにやめるんだよ」。大友克洋『気分はもう戦争』のこの名台詞にくせえなあと思いつつも納得していた僕たちには、もはや反戦も平和もまったく魅力がなかった。

「そしてある日、本当にミサイルは赤い尾を引きずり僕達の上空を飛ぶだろう。その時、たぶん神様は無力だろう。そう、終わりは突然やってくる。だけど。（中略）せかいの終わる日、僕達は、チケットぴあで芝浦インクの来月のライブを予約するだろう。世界の終わる日、僕達は、次のバーゲンの最初の日の日付けにしるしをつけるだろう。世界の終わる日、僕達は、おろしたてのアディダスからゆっくりと靴ひもを抜き取るだろう」（中森明夫『東京トンガリキッズ』）。全面熱核戦争で一瞬に死ねれば――楽でいいねとみんな本気で思っていた。

最初に引用された『気分はもう戦争』は矢作俊彦・大友克洋のコンビによる漫画。中森の『東京トンガリキッズ』は一九八七年に出版されたオムニバス小説だ。この浅羽の原稿は『マクロス』ともとても近いところにある。

『マクロス』はその後シリーズ化され、さまざまな作品が送り出されている。しかし最初の『超時空要塞マクロス』だけが、際立って「ポスト戦後的」感性で出来上がっている。それは狙って生まれたものというより、若いスタッフが中心となって半ば勢いのまま作品を世に送り出し、そこに時代の気分が強く反映された結果として起きたことだった。

以上のことから、「戦争とその語り」を表す図5－1において『マクロス』は、「非歴史的」「わたし」の象限で、『ガンダム』やその周囲に存在するロボットアニメよりもさらにその傾向を推し進めた位置を占めることになる。

7

ポスト戦後の中の「過去の戦争」と「未来の戦争」

児童文学として執筆された戦争文学

『マクロス』がポスト戦後的な感性に支えられた価値相対主義に基づいている一方で、太平洋戦争の記憶を語り継いで行こうという思いを込めて制作された一群の作品がある。それは、戦争を知っている世代が知らない世代に向けてその体験を語っていく、極めて「証言」の時代らしいあり方といえる。

そうした作品は、主に児童文学や漫画を原作としている。これはまず、一九七〇年代半ばから一九八〇年代にかけて、太平洋戦争を題材にした児童文学や漫画が相次いで出版されたことが背景にある。著者の多くは少国民世代（一九三〇年代）生まれで、五〇歳前後になった少国民世代が、自分の子供時代の戦争体験や同世代の子供たちに何が起こったのかを、戦争を知らない子供たちのために書き記そうとしたのである。

その中でも最も有名なタイトルは、戦中戦後の広島を舞台にした漫画『はだしのゲン』だ。著者の中沢啓治は一九三九年生まれで、「少年ジャンプ」での連載は一九七六年から。一九七六年から一九八〇年まで実写映画三作品が制作された後、一九八〇年代に入ると、一九八三年に真崎守監督でアニメ化され、一九八六年には平田敏夫監督により続編『はだしのゲン２』が制作された。

このほかの主要な長編作品は次の通りだ。

●『ガラスのうさぎ』一九七七年原作発表。高田敏子（一九三二年生まれ）の戦時中の体験をもとにした児童文学。一九七九年実写映画、一九八〇年ドラマ、二〇〇五年アニメ（四分一節子監督）

●『対馬丸』一九八二年原作発表。沖縄出身の芥川賞作家、大城立裕（一九二五年生まれ）が取材に基づいて執筆した、ノンフィクションタッチの小説。沖縄の児童を疎開させるため乗せた対馬丸が、アメリカの潜水艦に沈められ犠牲者一五〇〇人弱を出した事件を扱う。一九八二年アニメ（小林治監督）

●『うしろの正面だあれ』一九八五年原作発表。海老名香葉子（一九三三年生まれ）の戦争体験を綴った児童文学。一九九一年アニメ（有原誠治監督）

●『火の雨が降った―6・19福岡大空襲』一九八六年に発表された福岡大空襲についての証言集。これを原作に制作されたアニメが一九八八年『火の雨が降る』（有原誠治監督）

●『かんからさんしん物語―沖縄戦を生きぬいた子どもたち』一九八九年原作発表。沖縄の歴史研究者、大城将保（ペンネーム・嶋津与志、一九三九年生まれ）による児童文学。沖縄の津堅島に住む一三歳の少年を主人公に描く。一九八九年アニメ（小林治監督）

そのほかに長編ではないが山口勇子（一九一六年生まれ）の『おこりじぞう』（一九七九年刊行）、大川悦生（一九三〇年生まれ）の『ながさきの子うま』（一九八四年刊行）、早乙女勝元（一九三二年生まれ）の『おかあちゃんごめんね』（一九八一年）もそれぞれ一九八〇年代なかばにアニメ化され、公共施設などで上映されてきた。『おこりじぞう』と『ながさきの子うま』は原爆を、『おかあちゃんごめんね』は東京大空襲を扱っている。

またアニメ化はされていないものの、当時の話題作に『太陽の子（てだのふあ）』もあった。こちらは一九七八年原作発表の、灰谷健次郎（一九三四年生まれ）による児童文学だ。本作は、沖縄県出身者を両親に持つ少女が、父の精神疾患をきっかけに沖縄戦の様子や沖縄県出身者の立場と心情に触れていく様子を描いている。一九七九年、一九八二年にドラマ化、一九八〇年に実写映画化されており、当時改めて太平洋戦争の体験を語るということにスポットが当たっていたことがうかがえる。

どうして「子供が体験した太平洋戦争」を主題にしたアニメがこれほど制作されたのか。第一に、年齢を重ねた少国民世代が、自分たちの戦争体験を、戦争を知らない子供たちに伝えたいと思ったからだろう。そのときに子供にとって親しみやすいという理由でアニメという媒体が選ばれたのだ。しかも一九八〇年代に入るとアニメの表現力も一段と深化しており、戦争のさまざまな描写もより迫真性をもって描き出せる。これは原作の持つメッセージがより伝わりやすくなるということでもある。こうした状況が重なって、これらのアニメ企画が成立したと考えられる。

なおこうした、戦争児童文学とその映像化にはいくつかの問題点も指摘されている。

福間良明『「反戦」のメディア史』（世界思想社）の終章「『反戦』の世論と輿論」では、戦争体験が持っている多様で入り組んだ語りづらさが、メディアミックス化によって捨て去られてしまう傾向にあることを問題として挙げている。しかも、そうして「お話」としてわかりやすくなるからこそ、戦争体験は伝承されやすくなるという逆転した発想も生まれてきてしまう。だが実際には、そこで伝えられるのは受け入れやすい情緒（「かっこいい」や「かわいそう」など）だけで、戦争そのものは、そうした表現から抜け落ちてしまうことになる、というわけだ。戦時中の様子を伝える作品の多くが「かわいそう」を基調に語られることもまた問題を孕んでいるのだ。

『火垂るの墓』が現代に送る視線

一九八八年に公開された野坂昭如（一九三〇年生まれ）原作の『火垂《ほた》るの墓』（高畑勲監督）も、はからずも「少国民世代」が自分の世代のことを描いた作品がアニメ化される」というパターンに当てはまる作品だ。

『火垂るの墓』は、太平洋戦争末期に二人きりでの生活を試みた一四歳と四歳の兄妹を描く。楽園のようにも思えた二人の生活は、最終的に悲劇に終わる。

この作品は戦争中の人々の生活をリアリスティックに描いており、、例えば、本作の序盤に神戸への空襲とそれによる母の死が描かれるときには、全身に火傷を負い包帯で覆われた母の姿の無残な様子を隠すことなく画面に映し出す。一九三五年生まれの高畑は、九歳のときに岡山空襲を体験し、両親とはぐれてなんとか助かった経験の持ち主。そのときの体験は『火垂るの墓』にも反映されているという。

しかし本作において戦争体験を伝えるということは主眼ではない。その点で、戦争体験を子供たちに伝える目的で制作された、様々な長編とは狙っている方向が少し異なる。

高畑は『火垂るの墓』の主人公・清太に現代（一九八八年）の子供たちを投影するのである。高畑は『火垂るの墓』の記者発表資料に以下のように記す。

「もしいま、突然戦争がはじまり、日本が戦火に見舞われたら、両親を失った子供たちはどう生きるのだろうか。大人たちは他人の子供たちにどう接するのだろうか。

『火垂るの墓』の清太少年は、私には、まるで現代の少年がタイムスリップして、あの不幸な時代にまぎれこんでしまったように思えてならない。そしてほとんど必然としかいいようのない成行きで妹を死なせ、ひと月してみずからも死んでいく」

『火垂るの墓』の物語での大きな転機となるのは、身を寄せていた未亡人の家を、嫌味に耐えかねた清太が飛び出してしまうところだ。そして、清太は池の近くの横穴で妹の節子とともに暮らし始める。

「清太のとったこのような行動や心のうごきは、物質的に恵まれ、快・不快を対人関係や行動や存在の大きな基準とし、わずらわしい人間関係をいとう現代の青年や子供たちとどこかで似てはいないだろうか。いや、その子供たちと時代を共有する大人たちも同じである」

「物語の悲惨さにもかかわらず、清太にはいささかもみじめたらしさがない。すっと背をのばし、少年ひとり大地に立つさわやかささえ感じられる。一四歳の男の子が、女のように母のようにたくましく、生きることの根本である、食べる食べさせるということに全力をそそぐ。人を頼らない兄妹ふたりきりの横穴でのくらしこそ、この物語の中心であり、救いである。苛酷な運命を背負わされたふたりにつかの間の光がさしこむ。幼児のほほえみ、イノセンスの結晶」

映画は、死者となった清太が登場し、過去の自分の行動を見つめるという構造で描かれている。そこで清太はひたすらに無垢な妹に対する己の行動に、時に後悔の感情を顕わにもする。そして映画は、死者となった清太と節子が、現代のビル群をみつめるシーンで終わる。高畑はそうした描写を通じ、現代の子供の弱さとそれゆえの終わることのない後悔、そして弱さと裏腹の清冽な様を描こうとしたのだ。その上で、戦中という過酷な状況で死んでしまうのは、現代人の〝あなた〟であるかもしれないと問いかけてくる。

これは『マクロス』の底流に流れている、戦争に一定の距離感をもって接する、ポスト戦後的な感性に対する、明確なカウンターでもある。『火垂るの墓』では、太平洋戦争から現代まで時間は途切れることなく一直線に連続しており、戦争で死んだ人々は、生きている人のそばにまだいて我々を見つめているのである。

「『安らかに眠ってください。あやまちは繰り返しませぬから』という広島の原爆碑も、決して眠ることの出来ない死者たちが私たちを見つめている、そういう意識が潜在的にあって書かれた言葉だと思うのです。戦後これからどうしていくんだ、戦後四十年たってこれからどうするつもりなんだと問いかけられている、見つめられているという意識をもつことが、いまあらためて必要になっていると思います。そんなことも考えて、二人の幽霊を出しました」（高畑勲「映画を作りながら考えたこと」『映画を作りながら考えたこと』所収）

『メガゾーン23』が描く新冷戦の空気

高畑が「これからどうするつもりなんだと問いかけられている」と語った背景には、当時の政治状況もあったと考えられる。

一九八〇年代は、デタント（緊張緩和）の時代を終え、米ソ冷戦は「新冷戦」と呼ばれる新たな状況へと突入していた。きっかけは一九七九年のソ連によるアフガニスタン侵攻。これは前年にアフガニスタンに成立した共産主義政権を支えるための軍事行動だった。西欧諸国は、これに一斉に反発。一九八〇年のモスクワオリンピックを、西欧諸国などがボイコットするという動きに繋がった、また一九八四年のロサンゼルスオリンピックでは逆に、ソ連や東側諸国がボイコットした。アフガニスタン侵攻は約一〇年に及び、ソ連の衰退を推し進める一因となった。

ロナルド・レーガンは一九八一年にアメリカ大統領に就任し、二期八年を務め上げた。レーガン大統領はタカ派で、ソ連を「悪の帝国」と呼び、イギリスのマーガレット・サッチャー首相や、日本の中曽根康弘首相などと歩調を揃え反共の姿勢を強く打ち出した。

一九八三年にレーガン大統領は演説で、核ミサイルをアメリカや同盟国に届く前に撃墜する、核兵器を時代遅れにするシステムの開発を呼びかけた。これは戦略防衛構想（ＳＤＩ）と呼ばれ、ミサイル衛星やレーザー衛星、早期警戒衛星などを宇宙に配備し、地上と連携して、大陸間弾道弾などを迎撃するというプランだった。宇宙を舞台にしたことから、この計画は俗にスター・ウォーズ計画ともいわれた。

一方、一九八二年に首相となった中曽根は、外交記録によれば一九八三年の訪米時に「日本列島を不沈空母のように強力に防衛し」と発言したとされるなど、レーガン大統領と積極的に歩調を合わせ、ロン・ヤス外交と呼ばれる親密な関係を作り上げた。また一九七六年の閣議決定以来、防衛費の上限として「ＧＮＰの一％以内」という枠組みが決まっていたが、中曽根首相は一九八七年度予算から、この枠組みを外し、総額明示方式へと切りかえた。この背景には、アメリカの各同盟国への防衛力増加を求める要求があった。

こうした時代の空気は、いくつかのアニメにも反映されることになった。一九八五年にリリースされたオリジナルビデオアニメ『メガゾーン23』は、その一本である。

同作は企画集団アートミックが準備をしていた企画に、『マクロス』を終えた制作スタジオ・アートランドのスタッフが合流して制作された。そのため『マクロス』と多くのスタッフが共通している。例えば監督は『マクロス』のチーフ・ディレクター（監督と同義）の石黒昇。『マクロス』で作画監督だった平野俊弘（現・平野俊貴）がキャラクターデザインを担当し、同じくメカ作画監督だった板野一郎がアクション監督という名義で参加している。『マクロス』のキャラクターデザイン美樹本晴彦は、作中で鍵を握るアイドル・時祭イヴのデザインを担当した。一方、バイクから変形してロボット形態となるガーランドなどのメカは、アートミックの柿沼秀樹、荒牧伸志、宮尾岳が手掛けている。

『マクロス』のクリエイティブは、石黒昇を監督にたてつつも、メカニックデザイン・設定監修などでクレジットされていた河森正治を中心とする若手スタッフ主導で行われていた。これがポスト戦後的な感性が色濃い理由でもあった。

これに対し『メガゾーン23』はポスト戦後的な状況を生きる若者群像を描きながらも、石黒監督や脚本の星山博之に由来する視点を感じさせる部分が多い。それはひとことでいえば、「戦後のはずの今は戦前なのではないか」という不安である。

『メガゾーン23』の舞台は現代――つまり一九八〇年代半ば――の東京。友人から謎のバイク、ガーランドを託された矢作省吾は、武装した男たちから追われることになる。実はこのガーランドは単なるバイクではなく重大な機能を秘めていた。

ガーランドを追う軍の若き将校B・Dは省吾にその秘密を明かす。省吾たちが住む東京は、実は巨大な宇宙船の内部に作られた人工都市だったのだ。そしてその都市を管理するのが巨大コンピューター・バハムート。ガーランドは、そのバハムートの端末なのだ。B・Dはこの都市宇宙船に外敵デザルグの脅威が迫っていることを知り、その脅威に対応するためバハムートの掌握と、クーデターを計画していた。

そしてB・Dのクーデターは成功する。政権とバハムートをともに支配下においたB・Dは、デザルグとの戦いを決行するため、〝一九八〇年代の東京〟に向けて「日本が某国と戦争に突入した」という情報を流す。平和だった東京は、一挙に戦時下へと様変わりする。

それまで平和なラブソングを歌っていたアイドル・時祭イヴは、バハムートが作り出したバーチャルアイドルだった。だが、バハムートがB・Dによってコントロールされるようになった結果、イヴの姿も大きく変わり、「明日がないとしたら、あなたはどうするのか」と人々に戦いを促すような歌を歌い始める。

変わり始めた空気の中、省吾のバイク仲間モーリーとチョンボは、特別国家公務員の肩書きが格好いいという理由から陸軍省の志願兵に応募する。テレビの取材を受けた二人は「お国のためであります、なんちゃって（笑）」と真面目な兵隊さんぶりを茶化し――つまりポスト戦後的感性で振る舞っている――ながらも、時代の状況の中には絡め取られてしまっている。モーリーとチョンボを見ながら、バイク屋の親父ココは「あのバカ！」と苦々しげに吐き捨てる。

ココは四五歳という設定だ。つまり一九四〇年前後に生まれていることになる。バハムートに管理された〝一九八〇年代の東京〟に太平洋戦争の記憶が残っているかどうかはわからない。だが、ポスト戦後的な感性が、それ故にいともたやすく戦時下のムードに流されてしまうことへの恐れがここには表現されている。これは石黒（一九三八年生まれ）や星山（一九四四年生まれ）が、新冷戦の状況と日本の中にあるポスト戦後的な感性について抱く正直な感想だったろう。

『メガゾーン23』は、『マクロス』とコインの裏表のような関係にある。一九八五年ごろの東京の風景や風俗が丁寧に描きこまれた『メガゾーン23』だが、その延長線上に、新冷戦の時代の空気もそこにしっかりと刻まれているのである。そして『マクロス』を頂点のひとつとして、過去の戦争からポスト戦後的な感性を疑った『火垂るの墓』と、来たるべき戦争の予感からポスト戦後的な感性の行く先を心配する『メガゾーン23』は、ちょうど二等辺三角形を構成するポイントに位置している。

第三次世界大戦を〝リアル〟に表現

新冷戦の中にある「戦争の予感」をすくうのではなく、ダイレクトに戦争そのものを描いてしまおうという企画も登場した。時期的には『メガゾーン23』よりも少し前にあたる一九八二年に公開された『FUTURE WAR 198X年』（舛田利雄、勝間田《かつまた》具治《ともはる》監督）である。

本作は冷戦の激化からついに米ソが開戦をするという設定で、当時のアニメの水準からすればかなり〝リアル志向〟で制作された本作は、ある意味当然の結果として、「好戦的な映画である」と様々な議論を呼ぶことになった。

舛田監督の回想録『映画監督　舛田利雄』（ウルトラ・ヴァイヴ）によると、本作は東映の吉田達プロデューサーとの接点からスタートした企画だという。

舛田監督は、劇場版『宇宙戦艦ヤマト』（一九七七年）に携わった後、『テイク・オフ』（一九七八年）というジェット機のドキュメンタリーを撮っている。これはもともとアメリカの防衛体制を題材にしたTV特番用のドキュメンタリーの企画からスタートし、まずドキュメンタリー枠『木曜スペシャル』で放送された後、追加取材分と合わせて再編集したものが『テイク・オフ』という作品だ。舛田はこのとき、ミサイル発射の制御室や、NORAD（北アメリカ航空宇宙防衛司令部）の取材を行ったという。

『さらば宇宙戦艦ヤマト　―愛の戦士たち―』のとき、東映側のプロデューサーとして立っていた吉田が、偶然このアメリカの防空体制の話を聞いて、そういう話をアニメなら描けるのではないか、と考えたのが企画の発端だという。脚本はベテランの高田宏治。そこに元陸将補で『予言　第三次大戦』（原書房）などを著していた岩野正隆がスーパーバイザーとして加わって、物語が出来上がった。

物語はアメリカが対戦略核ミサイル用のレーザー砲搭載衛星の実験に成功したところから始まる。これは「新冷戦」の説明で触れたレーガン大統領が一九八三年に打ち出した戦略防衛構想を先取りしたもので、本作の「近未来戦争をリアルに描き出そう」という姿勢が明確にわかる要素といえる。

核の均衡を崩すこの実験が成功したことを知ったソ連は、計画を主導するゲイン博士を誘拐し潜水艦で連れ去る。秘密保持を再優先課題としたギブスン大統領は、ソ連のこの原子力潜水艦を核魚雷で撃沈する。

その直後、今度は東西ドイツの国境付近でソ連の最新戦闘機ブラック・ドラゴンが亡命を求めて不時着するという事件が発生。機密漏洩を恐れたソ連は、ブラック・ドラゴンを破壊しようと試み、これがきっかけとなってNATO軍とワルシャワ条約機構軍の機甲部隊が戦闘状態に陥ってしまう。さらにオルロフ書記長が病床についたため、主戦派の筆頭であるブガーリン国防相が実権を握り、戦火は世界に広がっていく。ソ連の原子力潜水艦リューリックから、アメリカへと戦術核ミサイルが打ち込まれ、ギブスン大統領は、報復攻撃を決意。こうして両国は核戦争への道を歩み、当然ながら日本もまたそこに巻き込まれていく。

物語の縦軸はレーザー搭載戦闘衛星の開発に携わっている日本人研究者・三雲渡とその恋人・ローラが担っているが、狂言回しといってもよい役回りだ。三雲が危険を犯して、ブガーリン国防相が今際の際に発射した核ミサイルを、レーザー搭載戦闘衛星で迎撃しようとするシーンがクライマックスで描かれる。本作は「未来戦争」を「誰もが体験するであろう物語」として描いたという点で、「集団的」でかつ「非歴史的」な象限に位置する稀有な作品となっている。

舛田監督はどのような姿勢で本作に臨んだのか。インタビュー形式（聞き手は佐藤利明と高護）でまとめられた先述の書籍から舛田監督の発言を抜粋してみよう。そもそも本作は、ラストは人類の絶滅で終わるというものだったという。

「組合なんか大変でね。〝右傾化を助長する〟みたいなことで、ずいぶんと撮影所にも抗議のビラが張ってありました。でも、そういう危険を感じていたから、製作の途中でぐっとタカからハトの方に軌道修正していたんです」

「だってアニメでしょう。実写や現実で出来ないことがやれる。ということで作っているわけだから『ノストラダムスの大予言』（七四年）みたいに、警告の意味も込めて派手にワッーっとやろうと思っていたからね。それにこの時分、防衛問題は世の中でも関心のある話題だったからね。ただ、僕もいい加減に作ったのではなくて、危機感は自分の中でも持っていました」

「最後、核ミサイルを宇宙で爆破して、危機を回避するという方向に持って行ったんです。渋谷のパンテオンで試写をやった時に、パンテオンの支配人だったか、東急の偉い方だったかな『舛田さん随分丸くなりましたね』って。『だってヤバいから』って答えたら『当初の通りやってくれれば良かったのに』って。人ごとだからそういうけど」

舛田の発言からも、新冷戦の空気を反映しての企画であり、「来たるべき戦争」への警告の意味で人類絶滅というラストを想定していたことがわかる。

なお、同書のインタビューだけでは、舛田のいう「そういう危険」「ヤバいから」が何を指すのかはわからない。だが、舛田が例に上げた『ノストラダムスの大予言』が放射能により変わり果てた姿となった未来の人類の姿などが被爆者団体から問題にされて、公開中に修正版フィルムに差し替えたということを考えると、そうした〝過激な映画〟であることが強い反発を招くことなど想定していたのではないか、と考えることができる。また舛田は本作の前に『宇宙戦艦ヤマト』だけでなく、『二百三高地』（一九八〇年）、『大日本帝国』（一九八二年）と戦争映画を撮っており、これらの映画が好戦的であると批判されたことも念頭にあったのかもしれない。

いずれにせよこの企画は確かに反発を招くことになった。『アニメージュ』は本作の完成が近づいた一九八二年四月号で「FUTURE WAR198X年をきみたちはどう見るか!?」という記事を掲載しており、そこに経緯が手短にまとめられている。

その記事によると、制作準備段階だった一九八一年二月、東映動画の労働組合が本作の準備台本一冊を入手する。それを読んだ制作現場からは「戦争がカッコよくしかもリアルに描かれ危険」という意見が出たため、組合は教職員組合やPTAにも呼びかける形で反対運動を開始した。この運動が新聞に掲載され、関心を寄せた団体「日本母親大会」が反対運動に加わり、五月二五日には東京都教職員組合、「日本子どもを守る会」など三八団体が反対アピールを採択。七月一七日に「『198X』に反対する会」が結成された。

同特集は、本作の最高責任者（製作総指揮）である東映の渡邊亮徳《わたなべよしのり》常務への芸能評論家の加東康一のインタビューが掲載されたほか、関係者や識者のコメントも紹介されている。

そこで本作の監督を舛田とともに務めた勝間田具治はこう語っている。

「絵コンテをやってて最初に感じたのは、戦争の犠牲者はいつも庶民だなということ。だから、当然、テーマは反戦になります」。そして会社の中で反対運動があることを踏まえた上で「でも、ぼくだって小さいとき、第2次世界大戦を体験。一斉掃射で友人を殺された側の人間です。そのぼくに、好戦的作品を作れといったって作れませんよ」と語っている。勝間田は第三章で触れた通り、『惑星ロボダンガードA』でアジア・太平洋戦争に言及した「太陽と星のかけ橋」の演出を担当している。

一方で東映動画労組副委員長の阿部隆はこう語っている。

「やんわりなんだけど、その内容はソ連の脅威と西側の一員としての責任を強調、日本の軍備増強と日米共同作戦の重要性を説き、いま、みんなが一番心配している〝軍拡路線〟の強行をそのまま絵にしたようなものになっています。おまけに戦争の描き方はインベーダーゲームふう。これじゃ、いくら製作者たちが核戦争の危機を訴え、平和を祈る映画といってもそうはならない」

では完成した『FUTURE WAR 198X年』はどのような映画であったのか。

舛田が名前をあげた『ノストラダムスの大予言』と同じく、「恐ろしい未来を観客に見せる」というある種の見世物性が本作にあるのは間違いない。その姿勢は終盤、核ミサイルによって世界の主要都市が次々と炎に包まれるシーンにはっきりと見ることができる。

核戦争の悪夢が実現してしまった非常に恐ろしいはずのそのシーンだが、描写はかなりあっさりとしている。各都市の有名な建物が映し出された背景と核爆発のエフェクトで構成されたシンプルなもので、インベーダーゲーム的という言葉こそ当てはまらないが、そこで死んだ人間の数を想像したとき、あまりにさらりと記号的に処理されてしまっている感は否めない。

もちろん、日本の東京がソ連の核攻撃で焼け野原となったシーンでは、さまざまな負傷者（身体の一部が欠損したものもいる）が地下鉄構内に集まっている様子を描いている。また焼け野原にも様々な死体が描かれている。しかしここも淡々と〝事実〟を見せるだけで、そのシーンが持つ意味や痛みにまで踏み込むことはない。

この淡々とした語り口は全編に共通する要素でもある。おそらくドキュメンタリータッチを意識したのだろう。戦闘シーンも同様に、ヒロイックにならないよう、淡々と描かれている。だがアニメの場合、すべては絵であるため、淡々と描いたものには、〝淡々と描いた〟なりの存在感しか宿らない。それは結局、戦争の実相とは遠い、絵の中の出来事に留まってしまう。

また批判のポイントにもなっていた政治的主張についてはどうだろうか。

作中、日本の閣僚らが集まった中でオブザーバーが遠野清隆前統幕議長（この名前は企画協力の岩野正隆のもじりではないだろうか）が演説をするシーンがでてくる。遠野前統幕議長は「日本はすでにアメリカの世界戦略から消されている」「条約や同盟は破られるためにあるという。自分たちの国土は自分たちで守るしかない」と持論を展開する。このシーンはその後の、東京が攻撃を受けるシーンの〝予言〟になってはいるが、会議そのものがドラマの一部を構成しているわけではないので、あくまで「今の国際情勢に対して作り手が意見を開陳するためのシーン」としてそこに存在しており、ソ連の核攻撃が実施されるという展開の中で、「この主張は正しい」という意味合いが強められている。

なにより一番記号的なのは、厭戦気分が世界に広まり、それが兵士にまで広がって、平和を求めるデモやパレードが始まるという展開だ。人類が滅亡するという当初のラストのアイデアも安易といえば安易だが、こちらも「平和を求める民衆」にはドラマを担うキャラクターがおらず、アノニマスなモブキャラクターだけがこの展開を担っている。

このくだりの中、花や蝶を見て、兵士が〝人間性を取り戻した〟かのように見える描写も登場する。このシーンは表現としては力が入っており、ここを取り上げて、勝間田がいう通り

「反戦」ということは可能だろう。だが、人間性をろくに描写されていないモブキャラクターたちである以上、閣僚らが集まった会議で突然語られる政治的主張と、その根拠の希薄さに大差はない。

政治の動向からはじまり、戦略と戦闘の成り行き、そして末端の兵士の様子と戦災の実情。本作は、戦争にまつわるあれこれを総合的に詰め込もうとした結果、どれも中途半端な描写で終わってしまっている。そもそも果たして「戦争の全体像」というものがアニメ映画で描けるのかどうか。各描写をみていくと、そこについての深い思考があったとは考えづらい。つまり本作は「好戦的か否か」という問題点以上に、「怖いもの見たさ」と「警告メッセージ」の抱き合わせでスタートしてしまったという、射程の短さが、結果として映画の本質を決定してしまったといえるだろう。

だがこの落とし穴は、本作だけに限った話ではない。これが十分に「リアルな戦争を扱おうとしたロボットアニメ」の中にも十分起こりうる問題点でもある。そういう意味で、『198X年』は「このロボットアニメは戦争を（美化せずに）描いている」と安易に言ってしまうことに対しての、反面教師のような存在でもあるといえる。

太平洋戦争が遠くなる過程で、ポスト戦後的感性と次の戦争への予感が浮上した一九八〇年代。そこではアニメと戦争の関係も実に様々で、いろいろな作品が作られることになった。そして一九八〇年代末に、ついに冷戦が終結する。アニメの描く戦争の姿もまたそこから変化していくことになる。

8
『紅の豚』の苦悩、『パトレイバー2』の現実

冷戦を描いたアニメ

第二次世界大戦終結後、世界はアメリカを中心とする資本主義陣営とソビエト連邦を中心とする共産主義陣営に二分され、その対立構造は冷戦と呼ばれた。冷戦は国内政治では保守対革新の対抗関係という形で現れることになった。

TVや映画でアニメが流通し、その表現を深めていく時期は、ちょうどこの冷戦体制の時期と重なっている。しかし第七章までに見た通り、アジア・太平洋戦争の体験は語られても、冷戦をアニメの中で主題として積極的に取り上げることは珍しかった。

『ルパン三世　ルパンVS複製人間』（一九七八年）や『巨神ゴーグ』（一九八四年）は、国際社会を揺るがす大事件を描いており、そこにアメリカの大統領とソ連の書記長も顔を出すが、あくまで点景に過ぎない。『蒼き流星SPTレイズナー』（一九八五年）は、人類が火星進出を果たした一九九六年を舞台にし、宇宙でも冷戦の緊張関係が継続している様子を導入部に持ってきたが、これも作品にリアリティを与えるための小道具としての扱いだった。

一方で、第三章で触れた『サイボーグ００９』（一九六八年）の第二六話「平和の戦士は死なず」と第七章で触れた『ＦＵＴＵＲＥ ＷＡＲ １９８Ｘ年』（一九八二年）は、緊張関係にある二大国が〝熱い戦争〟へと踏み切ろうとする様子を描いており、冷戦そのものというより、その先に待つ「来たるべき核戦争」の恐怖に軸足が置かれていた。

こうした中で異色なのは『宇宙戦艦ヤマトⅢ』(一九八〇年)だ。『ヤマト』シリーズの第七作目にあたる本作は、冷戦状況を下敷きにした設定を採用している。本作では銀河系の中にガルマン・ガミラス帝国とボラー連邦という二大星間国家が対立関係をもって存在しており、地球、つまりヤマトはこの対立に巻き込まれていく。

ボラー連邦は、連邦という名称に始まり、本星が寒い惑星という描写、流刑惑星の存在など、ソ連を彷彿とさせる要素が多い。登場人物の名前も、ベムラーゼ首相が最初はベムーリンとロシア風に命名されていたし、音楽もボラー連邦のテーマにスラブ民謡風の曲調を採用している。さらに当初のプランではアメリカを想定したであろうゼニー合衆国も第三勢力として登場する予定だったという。ゼニー(=銭)というのは資本主義からの連想だろうか。このように『ヤマトⅢ』はかなりあけすけに冷戦状況を踏まえて設定を作っており、その中でヤマト(と地球)が現実の日本と重ね合わされるようになっていた。なお、この国際情勢の中の日本をヤマトに重ねるという作劇は後の『宇宙戦艦ヤマト　復活篇』(二〇〇九年)でより露骨に繰り返されることになる。

どうしてアニメの中で冷戦は触れづらかったのか。アジア・太平洋戦争は「国民的な出来事」であり、「過ちを繰り返してはならない」「平和の大切さ」という結論は自明のこととして多くの人に共有されていた。だからロボットアニメなどの一エピソードとしても取り入れやすかった。しかし冷戦は、現在進行形の世界情勢であり、その評価も含め物語の中で触れやすい主題ではなかった。むしろアニメ・マンガといったサブカルチャーは、この時期に、劇画やそれを原作としたアニメなど、発達していく消費社会の中で自己をいかに確立するのか、という方向に表現を深めていった。

日本は冷戦下の「平和」の中、高度成長期を経て、一九七〇年代には国民の大半が自分の生活程度を「中流」と考えるようになっていた。「一億総中流」といわれる状況が到来したのである。この平和の中で育まれた「一億総中流」という名の消費社会の到来が、第六章で触れたポスト戦後的意識を根底で支えているのだ。

成田龍一は冷戦期を振り返って次のように語っている。

「現在、僕らは歴史を考えていくときに、冷戦体制を決定的な枠組みとして云々しますが、同時代の日本本土では、冷戦はそれほど強く意識されていなかったのではないでしょうか。むしろこの一九八九年あるいは一九九一年の出来事に直面して、遡行的にあれは冷戦時代だったと納得した面も大きかったと思います」(「ガイドマップ80・90年代」『戦後日本スタディーズ③』紀伊國屋書店)

冷戦ははるか上方で起きている出来事であり、日本はその一翼を担いながらも、その構造には関与不可能という形で「平和」を享受していた。それが一九八九年の冷戦終結と一九九一年の湾岸戦争を経て、混沌とする国際社会と向き合わざるを得なくなった。

そのとき日本は、「アジア・太平洋戦争の経験をどう考えるか」ではなく、新たに「目の前にある現実の戦争をどう考えるか」という問いかけに向き合うことになったのだ。

『紅の豚』の背後にあったもの

一九八九年一一月に東西ベルリンを隔てる冷戦の象徴、ベルリンの壁が崩壊した。同年一二月にはアメリカのブッシュ大統領とソビエト連邦のゴルバチョフ書記長がマルタ会談を行い、四〇年余り続いてきた冷戦の終結が宣言された。

冷戦の集結は、さまざまな国際情勢の変化をもたらした。まずソ連領内から各共和国の独立が相次ぎ、一九九一年にソ連が崩壊した。社会主義を代表する国家の消滅により、資本主義陣営との対立関係も弱まり、経済のグローバル化が加速した。

冷戦の終結により、二大国による核戦争の恐怖は遠のいた。『FUTURE WAR 198X年』に代表されるように、アニメにおいても「来たるべき核戦争」は、誰もが避けるべきと考える最大のカタストロフであった。この「来たるべき核戦争」の恐怖は、太平洋戦争の経験とそこから導かれた平和の尊さという、二点を結ぶ直線上にきれいに位置していた。「来たるべき核戦争」が想定されるからこそ、現在の平和が尊いものであるというロジックもそこにあった。しかし、「来たるべき核戦争」の恐怖がなくなったことは平和の到来を意味しなかった。冷戦構造の重しがとれた世界各地で、民族や宗教、あるいは領土などを理由にした、かねてからの紛争が改めて表面化することになったのだ。

一九九二年に『紅の豚』を発表した宮崎駿監督は、制作中にユーゴスラビアで紛争が起こったことが大変ショックであったと語っている。

編集者の渋谷陽一が宮崎に行ったロングインタビューをまとめた『風の帰る場所』（文春文庫）では、そのあたりの気持ちが繰り返し語られている。

例えば二〇〇一年に行われたインタビューで、改めて『紅の豚』の企画の立ち上げについて尋ねられたときには、次のように答えている。

「ペンディングなんですよ、狸（引用者注：一九九四年公開の『平成狸合戦ぽんぽこ』）も豚も。人間を主人公にするんじゃなくて、ちょっと体をかわさないと、あのときはできないなと思ったんですね。それは別に意識的にやったんじゃなくて、なんとなく選んだものが狸とか豚とか、かわしてるんですよね。で、かわしたつもりが、豚はまさに突然アドリア海そのものが湾岸戦争の中で紛争地になってかわしきれなくなっちゃったっていうのが実態です」（「風の谷から油屋まで」同書所収）

『紅の豚』はイタリアの東側に位置するアドリア海が主要な舞台。そして、イタリアからアドリア海を挟んで対岸に位置するのがユーゴスラビアである。ユーゴスラビアは「七つの国境、六つの共和国、五つの民族、四つの言語、三つの宗教、二つの文字、一つの国家」といわれるように複数の民族・文化が寄り合い所帯のように集まって出来上がった国家だった。その寄り合い所帯は、冷戦崩壊後にさまざまな民族紛争の舞台となった。

まず一九九一年にスロベニア・クロアチア両共和国がそれぞれに独立を宣言。その結果、セルビアが主導するユーゴスラビア連邦軍と紛争が始まった。スロベニアとの紛争（十日間戦争）はすぐに終わったが、クロアチア紛争は長期化し一九九五年まで続くことになった。『紅の豚』は一九九一年三月から制作準備に入っているので、この二つの紛争はまさに制作真っ最中の出来事である。

さらに一九九二年にはボスニア・ヘルツェゴビナが独立宣言しボスニア紛争が始まる。そしてボスニア紛争が一九九五年に終わると、一九九八年にコソボ紛争、二〇〇一年にはマケドニア紛争が起きている。セルビアとモンテネグロからなるユーゴスラビア連邦共和国（新ユーゴ）の大統領であったスロボダン・ミロシェヴィッチは、コソボ紛争におけるアルバニア人虐殺の責任者として、人道に対する罪で起訴され旧ユーゴスラビア国際刑事裁判所で裁判が行われた。

「もう懲りてるんじゃないかって思ってたんですよね、つまり僕らが戦争に懲りてるように。でも、やっぱり懲りてないんですね。懲りてるんだけど懲りてない。それについては懲りてるけども、新しい憎悪もちゃんと生産されるわけだから。我々も同じようなことすぐやるなっていう感じも含めて、ちょっとうんざりしたですね」

「社会主義体制の崩壊っていってもね、ソ連の崩壊っていうのは全然ビクともしないんです。（略）その後また民族主義かっていう、その〝また〟っていうのが一番しんどかったですね。第一次大戦の前に戻るのかっていう感じでね」

「それがこの映画作ってる最中に重なってきたから『オレは最後の赤になるぞ』っていう感じで、一匹だけで飛んでる豚になっちゃった（笑）。なんだか訳わかんないですね（笑）。そういう変な映画の作り方でした。最初から一種の俯瞰が全然できないままやってしまったってい

う」(「豚が人間に戻るまで」同書所収、一九九二年七月のインタビュー)

直接的に『紅の豚』の作中にユーゴスラビアの紛争の影を見つけるのは難しい。だが、制作過程の背景に、一九九一年一月の湾岸戦争、その後のユーゴスラビアの紛争が存在していることは間違いない。

そもそも本作は、日本航空の機内上映用のための短編として企画がスタートしていた。これが最終的に約九〇分の長編にまでなったのは、世界情勢の急変を前に、「今『能天気な航空活劇』を作っていてよいのか」と宮崎監督が自問した結果であった。

『紅の豚』はファシズムが広がり、新たな戦争の予感が近づく一九二九年頃が舞台。主人公のポルコ・ロッソは、第一次世界大戦で戦友を失っており、戦後に人間であることから降りて〝豚〟になってしまったという設定だ。つまりこれは「戦争を生き残ってしまった男」の物語であり、同時に〝豚〟という形に託された、〝成仏しそこねた幽霊〟の物語とも読むことができる。このように戦争を念頭においたバックストーリーが用意されていくことで、『紅の豚』は二つの戦争に挟まれた、わずかに平和な時期の夢のような日々、というニュアンスが色濃くにじむ作品になった。冷戦が終わっても、世界は一向にマシになっておらず、約八〇年前と同じ理由で戦争を行うという酷薄な現実と直面することが「能天気な航空活劇」であることを許さなかったのである。

湾岸戦争から『パトレイバー2』へ

宮崎監督は同書で「だから、湾岸戦争からPKO国会までの一連の流れと、この映画（引用者注：『紅の豚』）はまったく無縁じゃないんですよね、困ったことに」と語っている。だが『紅の豚』以上に、こうした政治環境の変化にアクチュアルに反応した作品がある。それが一九九三年に公開された『機動警察パトレイバー2 the Movie』（以下『パトレイバー2』）である。

一九九一年、イラクが隣国クウェートに侵攻を開始。アメリカを中心に先進国が一致し、「国連決議」をもとに多国籍軍を展開して、一月一七日からイラクへの攻撃を開始した。これが湾岸戦争である。

戦争は三月三日に停戦協定が結ばれたが、こうした状況の中、日本の国際貢献を求める機運が高まりをみせた。そして同年六月から九月まで、海上自衛隊はペルシャ湾で掃海活動を行うことになった。これは自衛隊にとって初の海外実任務であった。

これを皮切りに、国連主体の和平活動に積極的に参加するため、一九九二年にはPKO協力法（国際連合平和維持活動等に対する協力に関する法律）が成立する。これに基づき、自衛隊は同年九月から、国際連合平和維持活動（PKO）の一環としてカンボジアへ派遣されることになった。このときに自衛隊以外からも、文民警察要員及び選挙監視要員の派遣が行われた。『パトレイバー2』はこうした日本を取り巻く〝戦争環境〟の大きな変化を作品の中に取り込み、非常にアクチュアルな作品として完成した。

そもそも『機動警察パトレイバー』は、一九八八年に全六話のオリジナルビデオアニメのシリーズとしてスタート。その流れをくんで一九八九年に劇場版第一作『機動警察パトレイバー the Movie』が制作された。

パトレイバー（警察用ロボット）を扱う特殊車両二課（特車二課）の若き警察官たちの活躍を描く『パトレイバー』は、ビデオシリーズの段階では基本的にコメディタッチの作品だった。しかし劇場版第一作では大きくそのトーンが変わった。劇場版第一作は「バブル経済の中で変わりゆく東京の風景」をひとつの主題とし、そこにレイバー（本作におけるロボットの総称）を狙うサイバーテロという非常に今日性のある犯罪を組み合わせ、見ごたえのあるエンターテインメントとして出来上がっていた。それにともないキャラクターの絵柄も含めた画作りは、ビデオシリーズよりもリアリスティックな方向でまとめられてた。

第一作から四年後に公開された『パトレイバー2』では、さらにそのテーマが先鋭化し、今度は「戦争」がその俎上に載せられることになった。そもそもビデオシリーズ第五話・第六話「二課の一番長い日」がクーデターを扱ったエピソードで、『パトレイバー2』はその延長線上に企画が立てられた。しかし、特車二課が対峙する敵側の論理は『パトレイバー2』のほうがはるかにアクチュアルなものになっていた。そこでは「冷戦後の世界で日本にとっての戦争とは何か」が改めて問われているのだ。

一九九九年、東南アジア某国にＰＫＯ部隊として日本から派遣された陸上自衛隊レイバー小隊がいた。ゲリラ部隊と接触したレイバー小隊は、本部からの発砲許可を得られないまま一方的に攻撃を受けて壊滅する。たったひとり、隊長の柘植行人《つげゆきひと》だけが生き延びるが、帰国後、柘植は行方不明となってしまう。

そして三年後、横浜ベイブリッジで爆破事件が起こる。この爆発は自衛隊の戦闘機F-16Jらしき飛行機から放たれた一発のミサイルによるものだった。誰が、何のためにこのテロを企てたのか。そんな中、特車二課に陸幕調査部別室の荒川と名乗る男が現れる。荒川は第一小隊隊長・南雲しのぶと、第二小隊隊長・後藤喜一に、この事件の裏にいるのは柘植であり、自分はその柘植を追っているのだと語る。後藤たちが荒川と接触をしている最中、航空自衛隊三沢基地所属の戦闘機が東京に接近しているという連絡が入る。

『パトレイバー2』が描いた三つの戦争

柘植の狙いは、一発のミサイルを皮切りに自衛隊と警察の対立を煽り、それを利用して、東京を舞台に「戦争という状況」を演出することだった。東南アジアで戦場を体験した柘植は、太平の眠りの中に生きてきた戦後日本に「戦争という状況」を突きつけたかったのである。

『パトレイバー2』が描いた戦争は三つある。ひとつは「モニター越しの戦争」。もうひとつが「日常の中の戦争」。そして、三つ目が「現実としての戦争」だ。

まずの「モニター越しの戦争」。本作ではインターフェースを通して、さまざまな対象を見るという描写が重ねられている。例えば冒頭の東南アジア某国での戦闘では、レイバーのパイロットが見ているモニターの画像が頻繁にインサートされ、それを通じて戦場の様子が描き出されている。モニター画面は基本的にグリーン系のCGで描かれているが、これはＦＬＩＲ（前方監視型赤外線装置）を想定したビジュアルと考えられる。実景をそのまま映し出しているわけではないことから、パイロットが「インターフェース越しに世界を見ている」ことが強調された画面になっている。

この表現の延長線上に描かれるのが、航空自衛隊の三沢基地から戦闘機が東京を目指して飛行してくる一連のシーンだ。

防空管制システム・バッジシステムは三沢基地から発進した戦闘機Ｆ－16Ｊ三機をキャッチする。そのまま飛行すれば約二〇分で東京上空に到達する。先のベイブリッジ爆撃が念頭にある管制官たちの中に緊張が走る。しかも三沢基地とは連絡がつかない。〝ワイバーン〟のコールサインで呼ばれる三機のＦ－16Ｊ。これに対し百里基地よりコールサイン〝ウィザード〟二機、小松基地よりコールサイン〝プリースト〟二機が出撃する。

しかし、ウィザードが想定空域に到達しても、ワイバーンは発見できない。さらにバッジシステムには、ウィザードのベイルアウト（搭乗者の脱出）が表示される。ウィザードはワイバーンに撃墜されたのだ。高まる緊張の中、ついにプリーストにワイバーンの撃墜命令がくだされる。

だがプリーストがミサイルを発射しようとした瞬間、バッジシステムからワイバーンの姿が消えてしまう。東京に向かって飛行していたワイバーンは、バッジシステム上から幽霊のように姿を消してしまい、撃墜されたはずのウィザードも無事だった。

幽霊のようなワイバーンは、後にバッジシステムへのハッキングによるものだと説明されているが、ポイントはそのような設定的な段取りではない。ここで重要なのは、「パイロットたちが見ている現実の状況」と「バッジシステムのモニターの中の状況」が異なっているということだ。ここではモニターが現実に裏切られることで、「モニター越しの戦争」という意味合いがさらに強調されている。

どうして『パトレイバー2』でここまで「モニター越しの戦争」の要素が強調されるのか。これは湾岸戦争の影響が大きい。

湾岸戦争では、戦場の映像としてＦＬＩＲによる空爆映像や、ミサイルの光学センサーがとらえた爆撃映像などが報道で多く用いられた。それは例えばベトナム戦争でフォトジャーナリストが撮影した写真とはまた異なる、新たな戦争の姿であった。湾岸戦争は〝ニンテンドーウォー〟という報じられ方もしたが、それはＴＶで報じられた初期の戦場の映像が、生の目で見たものよりも、モニター画像のものが多かったからだ。ＦＬＩＲで捉えられた、暗闇に光点が飛んでいく空爆画像は確かに〝ゲーム的〟であるともいえるビジュアルをしていた。

『パトレイバー2』は、そうした最新の戦場のビジュアルを、単に最新の映像の意匠として取り入れるだけでなく、テーマを語るための重要な要素として取り込んだのだ。この「モニター越し」という要素は「窓」というモチーフに変奏され、『パトレイバー2』のさまざまなシーンを演出するために用いられている。

次は「日常の中の戦争」。これは中盤、自衛隊が治安維持の名目で都内各地に展開するシーンに顕著だ。この一連のシーンは、観客が見慣れた街の風景の中に、異質な存在感を持つ戦車が入ってくることによって、現実の風景が一気に非現実化していく効果を狙って、効果音を排し神秘的な音楽を流すことで幻想的に演出されている。

押井は、原作を務めた漫画『とどのつまり…』(画:もりやまゆうじ)でも、アニメーターが少女と出会う物語の開幕部分で、列車に載せられ運ばれていく戦車を背景に登場させている。そこからもわかる通り、戦車好きを公言する押井は、リアリズムの反映として「戦車が街中に展開する状況」を画面上でシミュレーションする以前から、街中の戦車を描きたいというミリタリー趣味をバックボーンにした妄想をずっと抱えてきたのだ。

この妄想は『天使のたまご』(一九八五年)における、夜の街を戦車が走っていくシーンにも見ることができるし、実写映画『アヴァロン』(二〇〇一年)では、「戦争ゲームの中の風景」として、実際にポーランドの街中で戦車を撮影している。このように「日常の中の戦争」という切り口は、押井が長年抱え、繰り返し描いているビジュアルイメージのひとつだが、『パトレイバー2』の場合はそれがポスト冷戦時代の戦争という設定とうまく噛み合い、政治的なアクチュアリティーをもって映画の中に登場することになったのだ。

なお『パトレイバー2』の90式戦車の描写は、アニメのメカ描写として「本物を本物として」描くことに傾いていて、珍しい例といえる。これは日常の中の異質さを表現するために意図的に選ばれたものと思われる、一方で特徴的なシルエットを持つ攻撃ヘリのヘルハウンドは、架空の機体で、こちらは「空想のものを本物らしく」というアニメらしい表現で描かれている。

柘植による戦後日本の批評

そして最後が「現実としての戦争」である。

そもそも冒頭に置かれたPKOの最中に部隊が全滅するというエピソードからして非常にインパクトがある。現実のPKOでは、一九九四年のルワンダの虐殺以降、より積極的に武力介入する方向へと進んでおり、PKO参加五原則（紛争当事者間の停戦合意や自衛隊の活動に対する紛争当事者の受け入れ同意、必要最小限の武器使用など）を持つ日本であっても、現地の状況の影響を受けざるを得ないことは明白で、冒頭のシーンは公開当時よりもさらにリアリティを帯びて迫ってくる。

その戦争を体験して柘植は変わった。彼はアジア・太平洋戦争終結以来、初めて国を背負って戦場に立った人物なのである。そして国を背負っていたがゆえに、攻撃してきたゲリラに対して引き金を引くことができなかった。

作中であたかも柘植の思想を代弁するかのように語るのが荒川だ。荒川は後藤隊長に語りかける。

「後藤さん。警察官として、自衛官として、俺たちが守ろうとしてるものってのはなんだろうな。前の戦争から半世紀、俺もあんたも生まれてこの方、戦争なんてものは経験せずに生きてきた。平和……、俺たちが守るべき平和。だがこの国のこの街の平和とはなんだ。かつての総力戦とその敗北、米軍の占領政策、ついこの間まで続いていた核抑止とその代理戦争。そして今も世界の大半で繰り返されている内戦。民族衝突、武力紛争。そういった無数の戦争によって合成され支えられてきた、血まみれの経済的繁栄。それが俺たちの平和の中身だ。戦争への恐怖に基づくなりふりかまわぬ平和。正当な代価を、よその国の戦争で支払い、そのことから目をそらし続ける不正義の平和」

そして、物語のクライマックスの直前で後藤隊長は、柘植が作り出した状況の狙いを語る。

「政治的要求が出ないのはそんなものがもともと存在しないからであり、情報の中断と混乱を選んだのはそれが手段ではなく目的だからですよ。……これはクーデターを偽装したテロにすぎない。それもある種の思想を実現するための確信犯の犯行だ。戦争状況を作り出すこと。いや、戦争という時間を演出すること。犯人の狙いはここにある」

巡航ミサイルと幻の空爆により、あたかも自衛隊が何かを企んでいるかのような状況を作り、自衛隊と警察の間に緊張関係を作り出す。その上で通信を遮断し、都内各地の橋を落として、人と情報の流通を阻害して、東京を舞台に「戦争」という時間を演出する。これまでの平和は、冷戦という枠組みに救われ世界の中の戦争を見ないですんだことによる、虚妄でしかない。それを白日のもとに晒そうというのが、柘植の狙いなのだ。

だから柘植は、埋立地から、海の向こうに浮かぶ都心のビル群を眺めてこう言う。

「ここからだと、あの街が蜃気楼のように見える」

荒川がいう「不正義の平和」に守られた場所とは、平和である根拠をもたない虚妄の街であり、それが柘植のいう「蜃気楼の街」というわけなのだ。

「三年前、この街に戻ってきてから俺のその幻の中で生きてきた。そしてそれが幻であることを知らせようとしたが、結局誰も気が付きはしなかった、いや、もしかしたら今も……」

『パトレイバー2』は「冷戦の構造に守られていた日本がさらされるであろう現実」を描こうとした作品だ。ここまで正面から「現在の日本にとっての戦争」を描こうとしたアニメは存在しない。その点で本作は「アニメと戦争」において、特異なポジションを占めた作品ということができる。

押井は「作品としての戦争というテーマは、少なくとも今世紀中（引用者注：二〇世紀）は有効なテーマだし、僕は、あれはあと十年たって見ても有効な作品だと今でも信じているから。そういう意味では、どちらを取るか（引用者注：キャラクターの魅力をとるか映画として描くべきものをとるかの意）っていうときに戦争を取ったのは、僕は今でも正解だと思う」（『イノセンス押井守の世界　PERSONA増補改訂版』徳間書店）と語っている。

ここで注目しておきたいのは、なぜ柘植は、戦争が存在するという現実を知らせるために「戦争状況」という虚構を演出するという、迂遠な手法をとったのかという点だ。

それは柘植が伝えたかったのが「戦争」という概念だったからだ。柘植の目的は、仮想敵国を想定し「誰かがお前を狙っている」「敵がそこにいる」という政治的なアジテーションを行うことではない。戦後日本で「ない」ものにされてきた戦争を「ある」ということ。戦後日本の虚妄を暴く、その戦後批評にこそ柘植の目的はあった。だから誰が敵かもわからない、純粋な「戦争状況」だけを欲したのだ。

しかし一方で柘植は「戦争はある」とはいうが、具体的に「戦争をやる」ということについては何も語っていない。「ある」という認識に到達したのなら、その先は「誰かが戦争を仕掛けてくるのか」なのか「戦わざるを得ない戦争がある」のか、さらには「誰かの戦争に巻き込まれる」のか、いずれにしても政治の領域、具体的な戦争の話に足を踏み入れざるを得ないはずだ。だが柘植は概念だけを示して、その先には踏み込まない。そこに『パトレイバー2』の、リアリズムと好戦的指向の間に線を引く、絶妙なバランス感覚がある。現実問題として考えると、その境界線は非常に曖昧で、『パトレイバー2』はその曖昧さにはあえて触れないのである。

この曖昧さを踏まえると、後藤が先述の荒川の長台詞に返した「そんなきな臭い平和でも、それを守るのが俺たちの仕事さ。不正義の平和だろうと、正義の戦争より余程ましだ」という台詞の役割もまた見えてくる。

後藤の台詞は、柘植の鋭く戦後日本を撃つ批評への反論にしては現実肯定的過ぎて、反論としては少しもの足りない。しかし、柘植の現実認識が曖昧な一線を越えて、誰かによって直接的なアジテーションへと変質しようとしたときに、後藤の反論は、戦後社会を素直に肯定しているからこそ有効に働く。後藤の台詞は、柘植の批評がアジテーションに堕さないためのストッパーのようなものなのだ。

押井監督は『パトレイバー２』のテーマを実写シリーズ『THE NEXT GENERATION　パトレイバー』の劇場版『THE NEXT GENERATION　パトレイバー　首都決戦』で再話している。こちらは柘植のクーデターから一一年後の二〇一三年が舞台。犯人グループは柘植の元シンパで、彼らは、自衛隊から強奪した最高機密の光学迷彩を備えた戦闘ヘリ・ＡＨ－88Ｊ２改〝グレイゴースト〟を使い、レインボーブリッジを爆破する。

押井監督の実写映画としてはアクションも盛りだくさんでエンターテインメント性も高く、映画としては興味をそそられる内容だが、テーマについては一九九三年から大きく変わっておらず、柘植が完全に不在のキャラクターとして描かれていたこともあって、『パトレイバー２』と比べるとアクチュアリティーが減じている。

体験、趣味、そして……

『パトレイバー２』の立ち位置のユニークさは、戦争を扱った代表的なアニメと並べてみるとよくわかる。

『宇宙戦艦ヤマト』は、少国民世代が自らの世代の〝戦争＝太平洋戦争〟の記憶をもとに作り上げた作品だった。これが『機動戦士ガンダム』になると、太平洋戦争からの直接的影響はかなり薄まり、ＳＦ戦記という側面が強くなる。そして『超時空要塞マクロス』になるとポスト戦後的な感性の表れから戦争はネタのひとつとして扱われるようになる。

この三作品を並べてわかるのは、戦争が「みんなの体験」に近いところから、だんだんサブカルチャー化し、〝個人の趣味〟のものへと変わってきているということである。そしてこの〝趣味〟化は、次章で取り扱う一九九〇年代半ば以降の状況でよりはっきりすることになる。

こうした大状況に対して『パトレイバー2』は、その発端が押井監督の妄想（日常の中の戦争）でありながらも、趣味化しそうでしていない。むしろ『パトレイバー2』という物語の印象は、一九七〇年代のロボットアニメの太平洋戦争を扱ったエピソードに近い。作り手は自らの戦争への思いをそこに込めているのである。ただし、『パトレイバー2』に接ぎ木されたのは、「みんなの体験としての戦争」ではなく、誰もが忘れてしまった／見ないことにしてきた「戦争」なのである。

みんなの体験だった戦争が、個人的な趣味になっていくという流れとの対比でいうなら、『パトレイバー2』は戦争をただ戦争として示そうとした作品といえる。誰かの体験でもなく、エンターテインメントのための箱庭でもなく、消費社会の飾りでもない、散文としての戦争。それが可能になったのは、冷戦の終結により、日本が、太平洋戦争ではない「現実の戦争」との関わり方を考えざるを得ない時代が到来したからだ。

9

冷戦後の「アニメと戦争」を構成する三要素

第七章で一九八〇年代のアニメと戦争の関係は、大きく三つの層から成り立っていることを指摘した。ひとつは、少国民世代がその体験を伝えようと、アジア・太平洋戦争下の庶民を描いたアニメ。その上に、冷戦を背景にした「来たるべき核戦争」のビジョンを描いた作品のレイヤーが重なっている。そしてさらにその上に、誰も傷つかない箱庭で行われるサブカルチャーとしての戦争がある。この三つのレイヤーは、アジア・太平洋戦争という現実の戦争からの距離が反映されたものだ。

冷戦後の「アニメと戦争」をめぐる状況は、このような一九八〇年代の状況を前提にするとクリアに見えてくる。つまり冷戦後のアニメもまた三つのタイプに分けられるのである。ひとつは「現実のアジア・太平洋戦争」を扱ったもの、そして次が「新しい戦争」を扱ったもの。最後は「サブカルチャー化した戦争」を扱ったもの。ただし一九八〇年代と違うのは、この三つには、全体を貫く「アジア・太平洋戦争からの距離」という価値観は存在しない。冷戦後の戦争とアニメの三つの要素は、重なりあうのではなく、それぞれがバラバラに並立しているのである。

「新しい戦争」を描く作品

冷戦後は各地で地域紛争が起き、テロが大きな問題としてクローズアップされるようになった。そうした政治状況の変化を反映して一九八〇年代の「来たるべき核戦争」は「新しい戦争」へと置き換わることになる。

大きな分岐点は二〇〇一年九月一一日に起きた同時多発テロ事件だ。ハイジャックされた旅客機二機がニューヨークのワールドトレードセンターに体当たりをし、同ビルが崩壊するというショッキングな事件を含むこのテロ事件を受け、ブッシュ大統領はテロリストに対して徹底抗戦の姿勢を打ち出した。同年一〇月の演説でブッシュ大統領は「テロを拡散させる者やテロ組織をかくまう政府に対する戦い」を「新しい戦争」と呼んだ。

国家対国家の戦争から国家対非国家の戦争へ。それは、それまでの政治的境界線が流動化し、誰が敵で誰が味方なのかが見えなくなることを意味する。政治の根底は揺れ動かざるをえなくなる。そのとき戦争は「グローバル化された内戦」という形に変化し、テロはその一断面というこことになる。「新しい戦争」においては、平和の中に戦争が組み込まれ、平和と戦争の境界は曖昧になっていくのである。『機動警察パトレイバー2 the Movie』が描いたように、〝平和〟な日本が日常的に〝戦争〟に向かうことを求められる時代になったのだ。

例えば『ガサラキ』(一九九九年)は、伝奇要素を盛り込んだロボットアニメだが、主人公ユウシロウは特務自衛隊に所属している。特務自衛隊はＰＫＯに基づく海外派兵を主任務とするという設定だ。同作のクライマックスでは、「日本を貧しくして再生させる」という動機で自衛隊のクーデターと対米経済戦が実行される。また『FLAG』（二〇〇六年）は中央アジアの架空の小国ウディヤーナの内戦を、カメラマン白州冴子を主人公として描く内容。冴子は多目的機動兵器ハーヴィック（HAVWC）を使う国連軍シーダック部隊とともに行動をともにしている。『ガサラキ』は、「日本の対米追従」を冷戦終了に併せて新たな問題として浮上させ、『FLAG』は一九九九年代後半から「強力なPKO活動（robust PKO）」が行われるようになっていたことを反映している。

また「新しい戦争」の時代を反映して、テロリストとの戦いを描いたアニメも登場する。従来のような軍隊対軍隊のような形をとらないが、これらもまた時代に合わせて変奏された「戦争アニメ」のひとつなのである。

対テロ組織を扱ったアニメの代表は『攻殻機動隊』シリーズだろう。同作は士郎正宗が一九八九年から連載した漫画『攻殻機動隊—THE GHOST IN THE SHELL』を原作としている。同作に登場する公安9課は、首相直轄の秘密組織で、テロの抑制に始まり、サイバー犯罪など大きな事件の捜査、暗殺などのカウンターテロまでを担う組織である。作中では攻性（オフェンシブの日本語訳であろう）の組織とされていて、つまり平和と戦争が曖昧になった状況に対応した組織として描かれている。

一九九五年に押井守監督による映画『GHOST IN THE SHELL／攻殻機動隊』が公開されたが、こちらは「ネットで生まれた生命＝人形使い」を巡るストーリーを縦軸にしており、〝戦争アニメ〟の要素は薄い。

ポスト冷戦、「新しい戦争」の要素を作品に積極的に取り込んだのは二〇〇二年から放送された、神山健治監督の『攻殻機動隊　STAND ALONE COMPLEX』シリーズのほうだろう。同シリーズは基本的に一話完結の体裁をとっており、対テロリスト活動をする公安9課の姿も、折に触れて描かれている。中でも第二シーズン『攻殻機動隊 S.A.C. 2nd GIG』は、「個別の十一人」というテログループによる中国大使館襲撃から始まり、クライマックスでは、第四次非核大戦によって発生した難民（招慰《しょうい》難民と呼ばれる）の蜂起によって、日本が内戦状態に陥ろうとする危機が描かれる。これは『2nd GIG』からストーリーコンセプトとして加わった押井がスタッフに対し「九・一一以降の戦争を描け」という〝お題〟を出しており、それに応えたものだ。

『攻殻機動隊』以外にも、対テロ組織を中心に据えた作品はある。例えば、賀東招二による小説とそれを原作としたアニメ『フルメタル・パニック！』（原作：一九九八年、アニメ：二〇〇二年）がある。これは主人公相良宗介が対テロ極秘傭兵組織ミスリルに所属しているという設定だ。ミスリルは、いかなる国家にも属さず、「軍事力による平和の維持」を目的としている。

逆に、主人公がテロリストの立場からスタートする作品もある。『コードギアス　反逆のルルーシュ』（二〇〇六年）だ。

『コードギアス』の世界は、神聖ブリタニア帝国と中華連邦とユーロピア共和国連合に三分割されている。主人公はブリタニア帝国の廃嫡された王子ルルーシュ・ヴィ・ブリタニア。ルルルーシュは、目の不自由な妹のナナリーが安心できる世界を作るためにブリタニア帝国へと戦いを挑んでいく。この時代、日本はブリタニア帝国に占領され、エリア11と名前が変えられている。日本人もイレヴンと呼ばれ、差別されている。名前を変えエリア11で暮らしていたルルーシュは、レジスタンスと手を組み、反ブリタニア帝国組織・黒の騎士団を編成する。

レジスタンスは散発的にテロを起こすものの、大勢を変えることはできない。テロの目的は、対象の信用や名誉、安全を毀損し、恐怖を与えることにある。そして、その恐怖でもって精神的支配を行うのだ。逆にいうとそれをやっている限り、圧倒的強者を倒すことは難しい。

ルルーシュは仮面の男ゼロを名乗り、その状況を変えようとする。「テロではブリタニアは倒せないぞ。テロなんて子供っぽい、いやがらせにすぎない」と断言する。そして「やるなら戦争だ！」と言い切る。

『コードギアス』の物語そのものは、乱世を舞台にした男の一代記であり、その点では古典的ともいえるものだが、その古典的な物語に「新しい戦争」が接続されることで、〝現在の物語〟になっているのである。

逆に『虐殺器官』（二〇一七年）は「新しい戦争」の先にある「二一世紀の来たるべき戦争」を描いた作品だった。同作は伊藤計劃が二〇〇七年に発表した同名小説の映画化。原作に書かれた戦争にまつわる様々なアイデアはアニメにもしっかり反映されている。

主人公は、アメリカ情報軍特殊検索群 i 分遣隊に所属するクラヴィス・シェパード。情報軍は泥沼化した内戦の現場などに介入し、その国の情報収集と戦争犯罪人の暗殺などをが任務で、その設定そのものが「新しい戦争」の内実を踏まえたものだ。そこでは戦争の是非は留保され、あくまで世界の実情に対応する合理的、現実的な行為という前提で、特殊部隊の極秘任務も描かれる。

また戦闘を行う兵士の描写も非常に〝現代的〟だ。彼らはまず、戦闘前にカウンセリングと薬物の投与を通じて「戦闘適応感情調整」を受ける。これは、戦場で兵士が行動を起こす際の心理的障害——例えば子供のテロリストを見たときに一瞬、引き金を引くのをためらう等——を軽減するために行われる処置だ。また、痛覚マスキングも施されているため、兵士たちは手足を失っても「痛覚を認識しながら痛いと感じない」状態で、戦闘を継続できるようになっている。

本作は、誰が敵で誰が味方なのかという政治的な枠組みの揺らぎだけでなく、人間が脳内神経伝達物質あるいは言語といったソフトウェアに支配されているという見地から、無意識の前提とされがちな〝人間性〟がいかに脆弱な根拠の上に成り立っているかを露わにしていく。

一九八〇年代の「来たるべき戦争」は核兵器の恐怖に支えられていた。一方、ポスト冷戦の「新しい戦争」は、人間性を含めた既存の枠組みが融解し、「もともとその価値観は幻影だったのだ」と突きつけてくる「身も蓋もなさ」が産む不安にこそその特徴がある。

サブカルチャー化の極点

「新たな戦争」が当たり前の風景となる一方、二〇〇〇年代に入ると〝萌えミリ〟といわれるジャンルが成立、一般化する。〝萌えミリ〟とは、ミリタリー要素と美少女キャラクターを組み合わせた企画の総称だ。

一九九〇年代から、そうした傾向の企画は存在していた。芸能プロダクションが民営化された自衛隊を経営する『アイドル防衛隊ハミングバード』（一九九三年）や、女性だけのアクロバットチームを描く『青空少女隊』（一九九四年）も発想として〝萌えミリ〟に近い。このほか、一九九八年には、未知の能力バージンエネルギーを持った女の子が海軍中野女子分校に入学する『聖少女艦隊バージンフリート』が、二〇〇三年には五人の女学生が浮遊戦艦で旅順攻略を目指すゲーム原作の『らいむいろ戦奇譚』もあった。また二〇〇二年には八歳の女の子まおちゃんが、陸の防衛隊としてかわいいエイリアンと戦う『陸上防衛隊まおちゃん』も放送された。

しかし、こうした前史がありつつ、〝萌えミリ〟の大きな分岐点となったのは二〇〇五年といえる。まず同年には、イラストレーター島田フミカネが女の子とマニアックな航空機・戦車などのパーツを組み合わせた「メカ娘」を発表。当時の〝文脈〟でこれは流行中だった〝擬人化〟（非人間の存在を人間キャラクターとして表現する）の流れに位置していた。また同年にはミリタリー関係の知識を女学生たちが学んでいくという体裁の田村尚也、野上武志『萌えよ！戦車学校』（イカロス出版）も登場し、二〇〇六年に〝萌えミリ〟に特化した専門誌『MC☆あくしず』（イカロス出版）が創刊される。

そして、島田のメカ少女の流れから生まれたのがアニメ『ストライクウィッチーズ』だ。島田は本作に原作としてクレジットされている。『ストライクウィッチーズ』は二〇〇七年にオリジナルビデオアニメ、二〇〇八年に最初のTVシリーズが放送されており、二〇二〇年にもシリーズ最新作がリリースされたヒット作だ。本作の特徴は、ストライカーユニットと呼ばれる脚に装備する機械で、魔法を使って飛行する女の子たち（ウィッチ）が登場するところにある。彼女たちの任務はネウロイという異形の敵——一種の怪獣である——と戦うこと。彼女たちの履くズボンが、実質的に下着か水着かといった、体に密着し足を大きく露出したものであるということも話題になった。

こうした基本設定に戦争を思わせる要素は少ない。ではどこに戦争要素があるかというと、ウィッチの大半が、実在の第二次世界大戦期のエース・パイロットをイメージモデルとしており、彼女たちが使うストライカーユニットもかつてのエース・パイロットの愛機を模すようなデザインになっているところにある。例えば教官役を務める坂本美緒というキャラクターは、日本帝国海軍のパイロットで〝大空のサムライ〟と呼ばれた坂井三郎から命名されている。坂井は片目を負傷しながら戦ったという武勇伝を持っており、これを踏まえて美緒は眼帯のキャラクターとしてデザインされた。また坂本の使うストライカーユニットは、零戦や紫電改をもとにしたデザインである。

つまり、ここでは第二次世界大戦の中から、エース・パイロットとそれにまつわる知識だけがきれいに抽出されているのである。ここでいう知識はネタと言い換えてもいいだろう。戦争という全体像から切り出された、「おもしろい部分」だけが採用されているのである。

これは第三章で取り上げた、一九六〇年代の少年マンガ雑誌における戦争の取り扱いと重なる。高橋由典が「少年マガジン」の分析から指摘した「(1)機能美の魅力に満ちたモノとしての兵器(戦闘機や戦艦)がつくる世界であり、同時に(2)歴史的文脈から遊離した兵器対兵器の一種のゲームでもあるが、その一方で(3)個人の意思決定の集積として、すなわち個人の道徳的な性質が浮かび上がる舞台としてながめられるものでもあった」(「一九六〇年代少年週刊誌における『戦争』――『少年マガジン』の事例」『戦後日本のなかの『戦争』』所収)という三点は、〝萌えミリ〟に共通する。一九六〇年代から四〇年、アジア・太平洋戦争から半世紀以上が経過した結果、戦争にまつわる知識を消費するという楽しみ方が、より戦争の実態と切り離され、より洗練された形で提案されているのである。

『ガルパン』の立っている場所

〝萌えミリ〟として知られるアニメ作品はこのほかに『艦隊これくしょん―艦これ―』(二〇一五年、ゲーム原作)、『アズールレーン』(二〇一九年、ゲーム原作)、『ハイスクール・フリート』(二〇一六年)などがある。こうした一群の作品の中でも特に洗練を極めた作品が

『ガールズ&パンツァー』（二〇一二年）だ。

本作の一番の特徴は、戦車戦を描くにあたって、スポーツ化した「戦車道」という設定を投入したことにある。「戦車道」とは作中で女性の嗜みと位置づけられたスポーツで、各学校の女子高校生たちは、第二次世界大戦中の戦車をつかって試合を繰り広げていく。

物語は、廃校が決まった大洗女子学園がその決定を覆すため、主人公である転校生、西住みほを中心に戦車道大会での優勝を目指す、というもの。ジャンルでいうなら実写映画『がんばれ！ベアーズ』『飛べないアヒル』など弱小チームの奮戦ものの系譜に連なる内容だ。

第二次世界大戦中の戦車が緻密に再現され、時にリアルに、時に外連味あふれた挙動で活躍するのが、迫力ある音響とともに大きな見せ場となっている。さらに登場する対戦校は、イギリス、アメリカ、ドイツなど各国をイメージさせる個性を与えられている。

戦車道には、実弾を使っているという設定がある。だが実弾で死ぬことはもちろん、具体的に怪我をするような描写もない。戦車が特殊なカーボンでコーティングされているため実弾でも危険はない等の設定も用意されているが、それはあくまで〝いいわけ〟で、作中では特にそうした設定に言及せず、戦車戦という題材を力技でスポーツものに落とし込んでいるのである。そして試合が終わった後は、ノーサイドの精神で、ライバルとも笑顔で語り合う。

『ガールズ&パンツァー』が描いているのは「究極の戦争ごっこ」だ。倒すべき相手も思想もなく、戦闘に特化して「戦争もののおもしろさ」だけが純度高く抽出されている。登場人物をめぐるドラマもTVシリーズでみほの心境の変化を描いた後は、物語を動かすための最低限の要素に絞って、試合内容をエンターテインメントとして見せることに注力している。

第五章で『機動戦士ガンダム』が、現実の歴史から切り離された未来世界「宇宙世紀」というひとつの箱庭を設定したことで、「良心の傷まない戦争ごっこ」を可能にしたという点を指摘した。だがそこには国家の利害の対立があり、人の死があった。『ガールズ&パンツァー』はそこからさらに、利害の対立も人の死も見事にこし取ったのである。

「戦争とその語り」を表した図5‐1で見ると『ガールズ&パンツァー』は「非歴史的／個人的」ゾーンの一番右上に位置することになる。左下から右上へと伸びていく「戦争のサブカルチャー化」を現したラインで、『ガンダム』や『マクロス』より右上という、最先端に位置していることになる。

一方で『ガールズ&パンツァー』における戦車描写のリアリティはどのような場所に位置づけられるか。

『ガールズ&パンツァー』の戦車は3DCGで表現されている。その形状は、集められる限りの資料の収集と取材に基づいてモデリングされており、非常に精緻なものである。では、3DCGの戦車は「戦車の本物」とイコールであるかというと決してそんなことはない。

『ガールズ&パンツァー』の水島努監督は、音響監督の岩浪美和と打ち合わせをしたとき「『プライベート・ライアン』みたいに」とオーダーをしたという。岩浪はこれを「もっともらしいウソをついてほしい」ということだと解釈した。『プライベート・ライアン』のクライマックスで出てくるタイガー戦車は、登場するときに、無限軌道のきしむ音がつけられている。しかしこのきしむ音は、現実にはそこまで明瞭に聞こえるわけではない。きしむ音はあくまで演出としてつけられているのである。

もっともらしくウソをつく。これは音響だけでなく、作中の戦車の挙動についてもいえる。その形状は精緻に再現されている戦車だが、挙動については大胆にケレン味に走っているところも少なくない。そこでは「戦車がこんなアクションをしたら面白い」という発想がまず優先されているのだ。その結果、本作の戦車は、単なるリアルな戦車ではなく、キャラクターとして成立することになった。

これは、『ウルトラマン』における怪獣が、生物的に〝リアル〟なディテールを持ちながら、同時にキャラクターとして確立していたことの、延長線上にあるアプローチだ。その点で『ガールズ&パンツァー』は戦車描写の内実は、図4-1で示した「空想のものを本物らしく」の延長線上にあり、「本物を本物らしく」ではないことがわかる。その点で現用兵器をリアルに描こうとした『FUTURE WAR 198X年』とは似て非なる立ち位置にある。

〝自衛隊アニメ〟の歴史

『ガールズ&パンツァー』では作中に主人公たち大洗女子チームの特別講師として、自衛官の蝶野亜美というキャラクターが登場する。またスタッフは、茨城県土浦市にある陸上自衛隊武器学校で実際に戦車に乗るなどの取材も行っている。

『ガールズ&パンツァー』は一例だが、二〇〇〇年代に入ってから、自衛隊が登場したり、あるいは取材などで協力したりするアニメが増えている。ここでは、憲法第九条との関係でその誕生から議論を生んできた自衛隊が、アニメでどのように扱われてきたかを概観する。

そもそもアニメ以前に、自衛隊は実写映画の撮影に協力してきた歴史がある。須藤遙子『自衛隊協力映画』(大月書店)によると、自衛隊は一九六〇年代に二本の映画に協力している。しかし、その後その関係は途絶え、改めて映画に協力するようになるのは一九九〇年の『BEST GUY』から。その後、『ガメラ』『ゴジラ』といった怪獣映画のシリーズはもちろん、『亡国のイージス』(二〇〇五年)、『戦国自衛隊1549』(二〇〇五年)、『男たちのYAMATO』(二〇〇五年)など、さまざまな映画に関与するようになる。

どうして自衛隊は映画に協力するのか。まず、映画制作側にとっては、軍事行動などの大規模なアクションシーンを撮影しようとした場合、自衛隊に協力を仰ぐのが一番効率がいいという状況がある。これはアメリカ映画で軍隊が協力して大規模な戦闘シーンなどが撮影されているのと同じ理由だ。一方で、自衛隊側には、自衛隊のあり方をエンターテインメントを通して知ってもらおうという思惑がある。『自衛隊協力映画』によると、企画の段階で、不適切な内容だからと自衛隊が断ったり、脚本の段階で自衛隊側が表現について要望を出したりすることも普通に行われているという。

ではアニメにおける自衛隊描写はどうだったのか。一九七〇年代のロボットアニメなどには、架空の国軍の存在は描かれていたが、自衛隊という存在が直接的に描かれることはほとんどなかった。それが一九八〇年代に入ると、アニメの制作技術が向上し、表現にもリアリズムを求める傾向が出てくる。結果としてその過程で自衛隊とは名乗っていないが、装備などから実質的に自衛隊であると確認できる作品が登場する。

例えば一九八〇年に放送された『ルパン三世』（第二シーズン）の最終回「さらば愛しきルパンよ」には、〝国防軍〟の74式戦車が新宿で砲撃を行うシーンが登場する。また一九八二年の『聖戦士ダンバイン』では、異世界バイストン・ウェルから現れたオーラバトラー（同作品に登場するロボットの一般名称）に対応するため、〝防衛隊〟〝航空隊〟と呼ばれる軍隊のF－15戦闘機などが登場する。この二つの番組では、呼び名こそ違っているが、描かれた兵器から視聴者には実質的に自衛隊と受け止められていた。

『ダンバイン』で設定制作（脚本や設定の取りまとめなど文芸面をサポートするスタッフ）だった河原よしえは、放送開始から数ヶ月経ったところで、作品の舞台を異世界バイストン・ウェルだけでなく現実世界にも広げることが決まったと回想している。そこで同作の富野監督は「現用兵器などと絡ませていくことでオーラ・バトラーの実在感や魅力をもっと解りやすく表現し、視聴者にリアル感を持って受け入れてもらえるようにしよう」というような趣旨の発言をしたという。それと併せて、航空自衛隊の入間基地と海上自衛隊の広報への取材も行ったそうだ。

その後、具体的に自衛隊の名前が登場するのは先述の『アイドル防衛隊ハミングバード』（一九九三年）、『青空少女隊』（一九九四年）になる。

この二作はフィクションの度合いが高い設定に、ギャップもしくはリアリティを狙って「自衛隊」という固有名詞を組み合わせたものだが、正面から自衛隊を扱った作品もある。

それが二〇〇六年の『よみがえる空 -RESCUE WINGS-』だ。『よみがえる空』は、石川県小松市にある航空自衛隊小松基地の航空救難団小松救難隊が舞台。この小松救難隊に配属となった内田一宏を中心に自然災害や事故などのさまざまな救難活動にあたる自衛官の姿を描いている。アニメの中におけるリアルな（もちろんフィクションゆえの嘘も少なからずあるが）自衛隊描写という点なら本作がずば抜けているといえる。制作協力には航空自衛隊、航空幕僚監部広報室、航空救難団、小松救難隊、百里救難隊、入間ヘリコプター空輸隊、小松基地・第6航空団、百里基地・第7航空団、入間基地・中部航空警戒管制団と、かなりの数の部署が名前を連ねている。

また自衛隊がメインではないが東京が大地震に見舞われる『東京マグニチュード8・0』（二〇〇九年）には、災害出動し炊き出しなどを行う自衛隊の姿が描かれている。

ただ、この二作は特別な例だ。『ガールズ&パンツァー』に限らず、基本的には非現実的な設定と自衛隊を組み合わせるというアイデアの作品のほうが自衛隊アニメの主流である。

『GATE　自衛隊　彼の地にて、斯く戦えり』（二〇一四年）は、元自衛官という柳内たくみが二〇〇六年からＷＥＢサイトに掲載した同名小説が原作。その小説が二〇一〇年に単行本化され、アニメ化された。

銀座に突如出現した「門（ゲート）」の向こうから、モンスターを率いた異世界の軍勢が現れ攻撃を仕掛けてきた。自衛隊と警察はなんとかこの戦闘に勝利する。そして、自衛隊はゲートの向こうに広がる異世界＝「特地」へと偵察部隊を派遣する。ファンタジー世界と自衛隊という取り合わせは、戦国時代にタイムスリップした自衛隊部隊を描く半村良の小説『戦国自衛隊』と似た趣向ともいえる。本作も、自衛隊の装備品をはじめ、その日常生活なども含めリアルに描写するため、陸上自衛隊に取材を行ったという。

二〇一八年の『ひそねとまそたん』では、航空自衛隊が管理する「軍用機に擬態するドラゴン」と、新人の女性搭乗員（ドラゴンパイロット）たちの交流が描かれた。彼女たちの任務は担当のドラゴンと協力し、七四年に一度のマツリゴトを遂行すること、という伝奇的な切り口の作品だ。こちらは航空自衛隊岐阜基地が舞台で、取材を踏まえ、司令部庁舎や格納庫、休憩室「まんぼう」や居酒屋「はなの舞」など敷地内にある施設をかなり忠実に描写している。

アニメにおける自衛隊描写を振り返ってみると、ロボットアニメに脇役として登場するケースはあるものの、自衛隊が舞台となったものは、案外戦闘が主題となるものが少ない。『GATE』や『FUTURE WAR 198X年』は、そういう意味では珍しい作品といえる。むしろ自衛隊アニメの主流は硬軟の幅はあれど「お仕事もの」に分類されるもののほうが多い。それは自衛隊が協力した実写映画が「戦闘」を前提にした企画であることと対照的だ。

背景として考えられるのはまず、アニメは戦闘シーンを描くのに自衛隊の協力を仰ぐ必要がない、ということだ。戦争を扱った企画でも、自衛隊が物語の中心に絡まなければ、協力を要請する必要はない。アニメだから自由に描けば済む話である。

その一方、一九八〇年代以降、アニメはリアリティを追求することでその表現領域を広げてきたという状況がある。そこには、現実にあるものは、なるべくそのまま描こうという姿勢も含まれている。そこで、自衛隊もまた現実に存在するものとしてアニメの中で、自然に取り上げられるようになってきた。さらに一九九五年の阪神淡路大震災以降は様々な救難救命活動を通じて、自衛隊の存在が、多くの人の中で身近な存在になってきたという状況もそこに加わった。こうして身近な軍隊として「自衛隊」という固有名詞が自然と作品に組み込まれることが増えたのだ。

それは憲法との整合性が問われながらも、多くの国民にとっては自衛隊が「そこにあるもの」「身近なもの」として見慣れた、ということでもある。

ポスト冷戦の「アジア・太平洋戦争」

ポスト冷戦になっても「アジア・太平洋戦争」を扱った作品は制作された。しかし、その内実は一九八〇年代よりもさらに細分化したものになった。

まず一九八〇年代と同様、子供に向けて戦争の悲惨さを伝える作品は二一世紀になっても制作されている。代表的なものとしては二〇〇二年から二〇〇九年まで八月一五日に併せてテレビ朝日で放送された『戦争童話集』シリーズがある。ここではまだ「証言」の時代が続いているのである。

同シリーズは、野坂昭如が『戦争童話集』として書き継いだ短編の中から『ウミガメと少年』『凧になったお母さん』『小さい潜水艦に恋をしたでかすぎるクジラの話』『ぼくの防空壕』『焼跡の、お菓子の木』『キクちゃんとオオカミ（原作のタイトルは「年老いた雌狼と女の子の話」）』の六作品をアニメ化。さらにオリジナル作品として『ふたつの胡桃』『青い瞳の女の子のお話』が制作されている。「童話集」というタイトルのとおり、絵本を意識した止め絵を使った演出なども用いて、アジア・太平洋戦争の様子を子供たちに伝えようとしている。

もうひとつが一九八〇年代後半から起きた「架空戦記小説」のブームを受けて制作されたオリジナルビデオアニメシリーズ『紺碧の艦隊』『旭日の艦隊』である。

架空戦記小説というジャンルは、歴史改変ＳＦの一種であるが、ＳＦ的な仕掛けの面白さを中心に据えるのではなく、もうひとつの歴史、もうひとつのアジア・太平洋戦争を書こうとするところに軸足が置かれている。中でも人気を集め、ブームを牽引したのが荒巻義雄の『紺碧の艦隊』『旭日の艦隊』の両シリーズだ。『紺碧の艦隊』は一九九三年から二〇〇三年にかけて全三二話、『旭日の艦隊』は一九九七年から二〇〇二年にかけて全一五話でアニメ化されている。

『紺碧の艦隊』は、一九四三年に戦死した連合艦隊司令長官山本五十六が、三八年前に若き海軍少尉高野五十六として転生したことからはじまる。高野は前世とは微妙に異なる〝照和〟という時代で、前世と同じ歴史の悲劇を避けるために仲間を集め、「よりよく負ける」ために尽力する。『旭日の艦隊』で旭日艦隊を指揮する大石蔵良も、大和の乗組員として戦死した前世を持ち、高野の同士であるという設定だ。こうして日本は、アメリカと戦い停戦和平に持ち込み、ドイツ第三帝国と対立することになる。理想化された日本が、現実の太平洋戦争をやり直しつつ、ナチス・ドイツとも戦うという、戦中と戦後の日本の〝いいとこどり〟でできている。『戦争童話集』が依然「証言」の時代にあるとするなら、こちらは「さまざまな戦争の語りを統合する」という「記憶」の時代になったからこそ、〝いいとこどり〟が可能になったと考えることもできる。

アジア・太平洋戦争をひとつの箱庭として扱い、その中で自由に歴史を紡ごうという姿勢は、図5－1の右上の「サブカルチャー化した戦争」のゾーンの特徴と合致する。しかし一方でこうした作品は、現実の歴史との差異こそが作品の魅力であり、その点で現実の歴史にも強く依拠している。また、物語も個人のドラマに収斂するのではなく、国家の存亡を語ることに主眼がある。そういう意味では、左下のゾーンにも近い。

つまり架空戦記を代表する『紺碧の艦隊』『旭日の艦隊』は、図5－1がぐるっと丸められて、右上と左下が重なり合うという非常に特別なゾーンに位置していると考えられる。サブカルチャー化を拒否したように見えながらサブカルチャー化しており、実際の歴史と無関係な距離であるように見せながら実際には歴史に強く依拠している。その点で大きな矛盾を孕んだ場所に立っている作品なのだ。

このほかにも、それぞれのアプローチでアジア・太平洋戦争などをエンターテインメントの枠の中で扱ったアニメが存在する。

『リーンの翼』（二〇〇五年）は先述の『聖戦士ダンバイン』と世界観が共通する異世界ファン

タジー。この作品では、特攻兵の迫水真次郎が、死の瞬間に異世界バイストン・ウェルに転生し、そこで一国の王となっているという設定が出てくる。迫水の居城には、彼が作らせた桜花のレプリカが設置されており、彼の中でアジア・太平洋戦争が大きな位置を占めていることがわかる。物語のクライマックスで、迫水は再び地上へと帰還するが、その過程で時空を超え、沖縄戦などアジア・太平洋戦争末期の日本の光景を目撃することになる。

『閃光のナイトレイド』（二〇一〇年）は、アニメには珍しく一九三一年から一九三二年にかけての中国大陸（上海と満州）を舞台に展開する。超能力を持つ主人公、三好葵たちは桜井機関という秘密組織に属し、関東軍から離脱し不穏な動きをみせる軍人、高千穂勲の動向を追う。石原莞爾、愛新覚羅溥儀、リットン調査団のリットンなど歴史上の人物も登場し、歴史の中に埋もれた秘話として物語は展開する。

『ジョーカー・ゲーム』（二〇一六年）は柳広司の同名小説のアニメ化。結城中佐率いるスパイ組織D機関で訓練を受けた、大日本帝国のスパイたちが世界各地でその任務を果たすという内容だ。アニメは一九三七年から始まり一九四一年になる前に終わるが、史実と積極的に絡むことはなく、歴史的事実はあくまで背景として扱われている。

これら三作品は図5－1の中では「歴史的」ではあるが「私の物語」ということで、珍しく右下の象限に位置することになる。

そして三つ目にあたるのが、太平洋戦争の時代を生きた個人に焦点をあてた『風立ちぬ』（二〇一三年）と『この世界の片隅に』（二〇一六年）だ。この二作については改めて第一〇章で取り上げる。

人気シリーズのその後

以上、一九九〇年代から現在に至るまでの「アニメと戦争」の主要なトピックを紹介した。その中で触れることはできなかったがこの時期の主要な作品のひとつに『銀河英雄伝説』（一九八八年）がある。同作は田中芳樹の同名小説が原作。皇帝が支配する銀河帝国と共和主義者の国家・自由惑星同盟の長きにわたる戦争を描くスペースオペラで、架空の出来事を扱った歴史小説といった趣で書かれており、オリジナルビデオアニメとして正伝全一一〇話がリリースされたほか、外伝や劇場版も制作されている。二〇一八年にはリメイク作『銀河英雄伝説 Die Neue These』も発表されている。

リアルロボットものでは戦争を遂行する政治の要素が前面に出てくることは少ない。それに対し本作は、戦争が政治の延長であり一体のものであるところを明確に描いていることに特徴がある。戦争が、政治的目的から始まり、戦略、戦術、戦闘という各ステージを経て実行されるものとして表現されているのだ。また、作品の大前提として「理想的な専制政治」と「衆愚政治に陥った民主主義」というアイロニカルな対立構図を設定したことも、本作における政治描写のポイントだ。この対立図式があるからこそ、架空の宇宙史という「箱庭」の物語が、現実の様々な政治の戯画としてある種の生々しさを帯びているのである。

また本章の最後にあたって、『宇宙戦艦ヤマト』『機動戦士ガンダム』『超時空要塞マクロス』という三シリーズが第一作以降、現在に至るまで、どのような変遷をたどったかを簡単に記しておこう。

『宇宙戦艦ヤマト』はその続編、映画『さらば宇宙戦艦ヤマト　―愛の戦士たち―』（一九七八年）で、圧倒的に不利な戦いの中、味方が次々と倒れ、古代進とヤマトが敵である白色彗星帝国に特攻する姿を描いた。中村秀之『特攻隊映画の系譜』（岩波書店）が指摘した、命を惜しげもなく費やして戦う「蕩尽」のイメージと、遠くへ飛び去っていく「昇天」のイメージという「特攻隊映画」における重要な二つのイメージを見事に踏襲している。

映画に続き、同作の語り直しであるTVシリーズ『宇宙戦艦ヤマト2』が制作されたが、こちらでは特攻するラストは変更された。そこからさらに続編が制作されることになり、冷戦状況を反映した『ヤマトⅢ』もその中の一本だった。一九八三年の映画『宇宙戦艦ヤマト　完結編』は、ヤマトが地球を守るために自沈するシーンをラストに描き、シリーズを一旦締めくくった。途中で登場する駆逐艦の名前に、太平洋戦争のときに大和に随伴した冬月の名前をあてて、ここでも太平洋戦争と作中の戦争のイメージをダブらせている。

そして二〇〇九年には二六年ぶりの新作『宇宙戦艦ヤマト　復活篇』が公開された。本作の原案には作家で政治家の石原慎太郎が名前を連ねている。本作では、宇宙的危機から地球人を救うため移民を試みようとした地球と、それを侵略とみなす大ウルップ星間国家連合の対立が描かれる。この星間国家連合の実質的支配者が、星間連合の構成国家のひとつSUSの代表メッツラーである。国際社会からの侵略認定と、それに対する異議申し立て。この構図は日中戦争からアジア・太平洋戦争に至る構図とおそらく意図的に重ね合わされており、そうするとSUSがアメリカ（USA）を意識したであろうネーミングであることも見えてくる。ここでもヤマト＝地球は、日本を背負うものとして描かれていた。

一方、二〇一二年からスタートした『宇宙戦艦ヤマト2199』は、最初の『宇宙戦艦ヤマト』のリメイクだが、設定や世界観を現代的にリファインしただけでなく、アジア・太平洋戦争との距離もとりなおしている。ヤマトが大和と似た形状をしているのは、建造中に偽装してガミラス帝国を欺くためであり、そこで戦艦大和の回想が入ることはない。ヤマトの行動原理も、原則として「専守防衛」で、やむなく戦闘するという形をとる場合が多く、最終的には独裁者デスラーからガミラス星人を解放する役割を果たすなどオリジナルシリーズとは大きく異なっている。

現在、続編『宇宙戦艦ヤマト2202　愛の戦士たち』が完結し、次作が『宇宙戦艦ヤマト2205　新たなる旅立ち』と予告されている状態で、リメイクのほうも旧シリーズをなぞりつつシリーズを重ねている。

『機動戦士ガンダム』は、続編『機動戦士Ζガンダム』（一九八五年）が制作されたことで、年代記的な側面を持ち始め、「宇宙世紀もの」という一種の「戦記もの」のジャンルを形成するに至った。その中で、スピンオフとして制作されたオリジナルビデオアニメ『機動戦士ガンダム0080　ポケットの中の戦争』（一九八九年）、オリジナルビデオアニメ『機動戦士ガンダム0083 STARDUST MEMORY』（一九九一年）の二作を通じて、ジオン軍がよりナチス・ドイツ的な色合いを帯びるようになった。

もとより『機動戦士ガンダム』の時点で「ジーク・ジオン」というシュプレヒコールが登場し、七年後を舞台にした『機動戦士Zガンダム』では「ジオン残党」が登場するなど、ナチス・ドイツを踏まえた要素はあった。それが一九九〇年前後になると、ジオン軍（ジオン残党）は倒さねばならない存在だが、そこには武人というべきパイロットがいるという部分に焦点が当てられるようになる。これはナチス・ドイツの落下傘部隊がチャーチル誘拐を目論む小説『鷲は舞い降りた』（一九七六年邦訳、一九七七年映画化）の影響も大きいと考えられる。佐藤卓己編著『ヒトラーの呪縛』（中公文庫）は、「この爆発的なヒット以後、『ドイツ軍全体は邪悪だが、個人的には騎士道的軍人がいる』という設定が冒険小説の定石となった」と記しており、『ガンダム』シリーズもまたその影響を受けたのである。

現在『ガンダム』は、宇宙世紀だけでなく、別の世界設定を採用した作品も含め、一定のペースでTVアニメ、オリジナルビデオアニメなどがリリースされ続けている。その中で「戦争を描く」という観点から注目したいのが『機動戦士ガンダム00』（二〇〇七年）である。

同作はアメリカ同時多発テロ事件以降を意識して設定が作られている。主人公、刹那・F・セイエイは、中東の小国、クルジス共和国の生まれ。幼い日に傭兵のもとで洗脳され、少年兵として信仰を理由に両親を殺害してしまったという生い立ちを持っている。そんな彼が参加したのが私設武装組織ソレスタルビーイング。ソレスタルビーイングは、戦争を根絶するために紛争地での戦闘にガンダムを使って武力介入することが目的の組織。既存の国家からすると、ソレスタルビーイングの活動はテロ以外のなにものでもないが、それによって世界は統一の方向へと向かっていく。それは、ソレスタルビーイングを設立したイオリア・シュヘンベルグが目的とした「来たるべき対話」（異星人との邂逅）に向けたステップのひとつであった。本作は最終的に人類が「宇宙に生きる種」へと変化していくというSF的ビジョンを示して締めくくられており、九・一一以降の戦争の現実は、そこへ向かうために乗り越えなくてはならないものとして位置づけられ、描写されている。

第一作『超時空要塞マクロス』は、戦争と三角関係を同じ重さで描き、ポスト戦後的な感性を印象づけたが、その後のシリーズは、そこまで価値相対主義を前面に押し出してはいない。その後のシリーズでは、スタジオぬえと河森正治が関わっていないオリジナルビデオアニメ『マクロスII -LOVERS AGAIN-』（一九九二年）こそ、異星人マルドゥークとの戦争が題材になるが、それ以外の四作品は戦闘シーンを描いても戦争そのものは前面に出てこないか、登場しない内容になっている。

オリジナルビデオアニメ『マクロスプラス』（一九九四年）は、新型機開発とAIの暴走を組み合わせたストーリー。TVシリーズ『マクロス7』（一九九四年）は謎の存在プロトデビルンと人類の戦いを描くが、プロトデビルンは別次元にその出自があり、人類にとっては〝魔物〟に近い存在である。オリジナルビデオアニメ『マクロスゼロ』（二〇〇二年）は『超時空要塞マクロス』の前日譚に相当し、統合軍と反統合同盟の戦争が背景にあるが、主題は南海の孤島に眠る〝鳥の人〟の謎をめぐる物語だ。そして二五周年記念作として制作されたTVシリーズ『マクロスF』（二〇〇八年）では、宇宙移民船団を襲う未知の地球外生命体バジュラとの戦いが描かれた。こうしてみると『マクロスゼロ』以外は、戦争アニメにつきまとう「敵を倒すこと」の後ろめたさを極力減じるように設定が組み立てられている。それは『マクロス』シリーズが「前と同じことを繰り返さない」というポリシーできているということもあるだろう。その点で「人類同士の戦争」という要素を外さない『ガンダム』シリーズと対照的である。

それだけにシリーズ最新作の『マクロスΔ』（二〇一六年）が、ヒューマノイドタイプの宇宙人と人類の間に生まれた緊張関係を主題に取り上げたのは非常にエポックな出来事だった。本作は戦争を相対化することはなく、むしろ九・一一以降の戦争のあり方を念頭に、正面から戦争を取り扱っている。

新統合政府のもとに銀河に進出を始めた人類は、銀河の辺境にある異星人国家ウィンダミア王国と、不平等条約を巡って戦争となる。戦争は統合軍の新型爆弾による「カーライルの黒い嵐」と呼ばれる惨劇を経て停戦状態となったが、ウィンダミア王国は以来、鎖国政策をとり七年が経過する。一方、銀河全域ではヴァールシンドロームという奇病が流行し始めていた。ヴァールシンドロームを発症した人間は、自我の喪失、凶暴化などの症状があらわれ暴徒化してしまうのだ。

このヴァールシンドロームの描写は〝自爆テロ〟を思い起こさせるのに十分で、これが人為的に仕掛けられたものであったという展開も含めて、九・一一以降の戦争の姿が反映された設定といえる。また人類が生活する各惑星を統合する新統合政府と、ひとつの惑星だけの小国ウィンダミア王国の間にある非対称な関係が、小国を戦争に走らせるという展開も、冷戦後の世界情勢を思わせる。しかも「カーライルの黒い嵐」のときに新型爆弾を投下したパイロットが、主人公ハヤテ・インメルマンの父ライトであることが判明するなど、ハヤテ自身がが〝歴史〟と無関係ではいられないという展開も盛り込まれている。そういう意味では本作は、『マクロス』シリーズの中でも異色作といえる。

IO

二一世紀にアジア・太平洋戦争を語ること

一九九〇年以降の「記憶」の時代に、アジア・太平洋戦争はどのように描かれたのか。

第一章で取り上げた『ゲゲゲの鬼太郎』(第六シーズン)第二〇話「妖花の記憶」は、子供を念頭に置いた作品ということもあり、さりげなく、しかししっかりと、日本がアジア・太平洋戦争において攻めた／攻められたという事実に触れていた。ただし、これは戦後七〇年を越えた現時点からの視点による〝まとめ〟だった。

これに対し二〇一三年の『風立ちぬ』(宮崎駿監督)、二〇一六年の『この世界の片隅に』(片渕須直監督)は、どちらもアジア・太平洋戦争当時の日本を舞台にしている。

『風立ちぬ』は零戦の設計技師だった堀越二郎の人生にインスパイアされた物語で、一九一六年から一九三五年までのおよそ二〇年間を中心に扱っている。この時期は日本が日中戦争へ進んでいく時期であり、軍用機の開発の様子は描かれるが、画面に戦争の場面はほとんど出てこない。

一方『この世界の片隅に』は、こうの史代による同名漫画を原作に、広島から呉に嫁いだ北條すずの、一九四四年から一九四六年までの日常を描いている。戦争の激化とともに、すずの日常は次第に変化していき、最終的に彼女は空襲のために右手を失うことになる。

兵器を作りながら具体的な戦争を描かない作品と、日常を侵食する戦争を具体的に描いた作品。この二作の戦争の取り扱い方は対照的だ。一方で「記憶」の時代だからこそ、同時代に生きた人物の視線で作品を描く難しさは共通している。この点で二作とも、図5-1で見ると「歴史」と「個人」の象限に位置し、旧来のアジア・太平洋戦争を扱ったアニメ、サブカルチャー化した戦争を扱うアニメとも違う立ち位置にある。

『風立ちぬ』の描こうとしたもの

『風立ちぬ』の序盤には、主人公堀越二郎が、隼型試作戦闘機の失敗の理由について、上司の黒川から問われるシーンがある。二郎は次のように答える。

「いいえ。問題はもっと深く、広く、遠くにあると思います。……今日、自分は深い感銘を受けました。目の前に果てしない道が開けたような気がします」

映画企画以前に、二〇〇九年から『月刊モデルグラフィックス』に連載された漫画版『風立ちぬ』には存在しない、この「果てしない道が開けたような気がする」という言葉に『風立ちぬ』という作品の本質があり、それが本作の戦争の取り扱い方と深く関わっている。

『風立ちぬ』は非常に複雑な作りをしている。

まず主人公は、実在した設計技師の堀越二郎と同名で、よく似たキャリアを持っているが、その人生には小説家の堀辰雄の小説のモチーフが組み入れられている。堀は堀越と同時期に東京帝国大学に在学しており、映画『風立ちぬ』は、結核で婚約者を失うという展開を堀の代表作『風立ちぬ』から取り入れ、ヒロインの名前を小説『菜穂子』から採用している。二郎の設定からもわかる通り、本作の登場人物は、実在の人物に依拠しつつも、映画のための潤色という範囲を飛び出し、完全に虚構の存在として描かれている。

次に、二郎がたびたび入り込む〝夢の国〟の存在がある。その〝夢の国〟は、草原が広がり、そこでは一九二〇年代から一九三〇年代にかけて活躍した、イタリアの設計家ジャンニ・カプローニが自らの作った飛行機を飛ばしている。少年時代の二郎はそこでカプローニと出会い、時空を超えて交友を結ぶことになる。カプローニは二郎にとって、精神的師匠であり内面の代弁者である。宮崎駿監督はカプローニを演じた野村萬斎に「カプローニは二郎にとっての〝メフィストフェレス〟だ」と説明したという。この〝夢の国〟のシーンがあることで、作中で描かれる「現実」はあくまで二郎の見ている世界の一部という形で、相対化されることになる。

二郎の人物像と、カプローニの存在については、漫画版の段階ですでに描かれているアイデアで、それがそのまま映画に持ち込まれている。

一方、映画には取り入れられなかった要素もある。まずキャラクター造形。漫画では二郎を始め登場人物は擬人化した豚などで描かれている。これは映画では人間に改められた。また、漫画版は軍用機の開発史という側面も丁寧に描かれており、カプローニや二郎が関わった機体の設計・製造上の工夫だけでなく、当時の飛行機開発が近代化の途上にあったという大状況も解説されている。こうした飛行機開発にまつわる内容は映画では大胆に省略された。

宮崎監督は映画化を検討する過程で書いた「風立ちぬ　中間報告」という文章で、漫画版を

「事実上未完」「挫折」と振り返っている。これはつまり映画は映画として新たに主題をみつけて制作されたということだ。軍用機開発のディテールを描かなかったのも、その新たな主題をシンプルに際立たせるためだ。

では映画『風立ちぬ』は何を描いたのか。宮崎駿監督は編集者の渋谷陽一から「この映画は、戦争が大きなテーマになっているんですけども」と問われて「戦争そのものじゃないですけどね。モダニズムですよね」と答えている。それを踏まえると、先に引用した二郎の台詞は、次の一文と深いところで通じあっていることがわかる。

「楽天家たちは、そのような時代人としての体質で、前をのみ見つめながらあるく。のぼってゆく坂の上の青い天にもし一朶の白い雲がかがやいているとすれば、それのみをみつめて坂をのぼってゆくであろう」

二郎も、この文章が記す〝楽天家たち〟も、ひたすら遠くをまっすぐに見て歩こうとしている。楽天家たちが〝雲〟をみつめているのであれば、二郎はその側を飛ぶ「美しい飛行機」（作中での二郎の台詞より）をみつめているのである。

この一文は司馬遼太郎の小説『坂の上の雲』一巻のあとがきの一節である。『坂の上の雲』は日露戦争へと向かう明治の群像を描いた内容で、端的にいうと〝雲〟とは近代のことである。『坂の上の雲』はヨーロッパの古い大国であるロシアとの戦争を通じて、貧しかった日本の近代化を推し進めた人々を描いているのである。

一方、二郎が取り組んでいるのは、日本において近代的戦闘機を作り上げるという課題である。『風立ちぬ』は、この「近代的戦闘機を作り上げる」という行為を通じて、舞台こそ違えど『坂の上の雲』と同様の「日本の近代化」の風景を切り取るように描いている。

それがよくわかるのは、二郎と同僚の本庄が、ドイツのデッソウにあるユンカース社を訪れるシーンだ。

二郎はそこで小型旅客機F・13に見惚れ、大型旅客機G・38に試乗して「見事だな」と本庄とともに感想を漏らす。さらに二郎は本庄とこんな会話も交わす。

本庄「俺たちは二〇年先のカメを追いかけるアキレスだ。二〇年の差を五年で追いつく。が、カメは五年先にいる。俺たちは五年を一年で追いつく」

二郎「それではずっと追いかけることになるよ」

本庄「今はそうするほかないさ、いつか追いつき追い越してやる」

二郎は、本庄ほどに近代化に邁進する意欲をみせるわけではない。しかし、それでも本庄が八試特殊偵察機を作ったとき、二郎はそれを見て「本庄は日本のアキレスだ」と友人を称賛するのである。そして自分が九試単座戦闘機の設計に挑むときには「時代遅れになる」という理由で「最新の技術を大胆に取り入れる」アイデアを発表する。「時代遅れになる」という言葉の裏側に、カメ＝欧米の開発陣に追いつき追い越そうという気持ちが含まれているのはいうまでもない。

また二郎については、もうひとつ『坂の上の雲』のキャラクターたちと共通点がある。評論家の浅羽通明は『ナショナリズム』（ちくま新書）で、『坂の上の雲』三巻のあとがきで司馬が「明治は、日本人のなかに能力主義が復活した時代であった」と書いていることを紹介した後、司馬が描く「有能」とは、リアリズムとイノベーションだと指摘する。「言い換えれば、客観的合理的な思索力と慣例常識を打破する創造力とである」（同書）。

作中の二郎は、そのとおりの存在である。二郎は、数値をベースにした「合理的な思索力」に加え、「常識を打破する創造力」を持った存在として描かれている。彼が設計中に飛行機が受けている風をまざまざと実感している描写があるのは、そのためだし、それが設計技師のセンスとして結実すると、九試単座戦闘機の試作一号機に採用された逆ガルウィングになる。

こうして、世間には貧しい子供がいる中、多額の予算をかけて飛行機を作るという社会的矛盾、それを抱えたまま、二郎たちは自分たちの立場で「近代」を目指すのである。

二郎たちを待つ「近代化の破産」

だが『風立ちぬ』が『坂の上の雲』と大きく異なるところがひとつある。『坂の上の雲』の〝楽天家〟たちを待っていた未来は、日露戦争の勝利という栄光であった。しかし、二郎たちにはそのような未来が待っていたわけではない。

一九三五年、二郎は九試単座戦闘機の試験飛行を成功させる。絵コンテではそこに「ここに日本にはじめて近代的戦闘機が誕生したのである」とト書きがある。

だがその次のカットは、もうもうたる黒煙から始まる。画面を大きく覆うこの黒煙は、B－29の空襲により、燃え上がる街から立ち上っているものだ。その燃え盛る街を、画面手前にいる人々が遠くから見守っている。この国を焼く黒煙が、二郎たちが登ってきた坂道の果てに待つ〝雲〟だったのである。

つまり『風立ちぬ』は、『坂の上の雲』を反転させた物語なのだ。『風立ちぬ』の中で、唯一現実の戦争を描いたカットはここだけであり、本作が描いた「戦争」は、欧米に追いついた偉大な一歩などではなく、「近代化の夢の破産」そのものであることを一カットで表現し尽くしている。

このカットを前提に振り返ってみると『風立ちぬ』は、随所で「不穏な未来」を垣間見せていたことが思いだされる。

例えば一三歳の二郎が初めて〝夢の国〟に足を踏み入れたシーン。カプローニは武装し爆弾を抱えて飛んでいく複葉機を見送りながら「あの半分も戻って来まい。敵の町を焼きにいくのだ」と語る。そこに、燃えて煙をあげる街と爆撃機の姿が一カットインサートされる。少年の二郎はその幻影をまざまざと見ている。

あるいは映画の終盤で本庄が、爆撃機を設計しろと命じられたという話をするくだり。その直後に、中国大陸の都市を爆撃する九六式陸上攻撃機（九六式中攻）の姿がインサートされる。九六式中攻は、ソ連製のポリカルポフＩ－15の攻撃を受けて火だるまとなる。九六式中攻が中国大陸へ渡洋爆撃を行うのは日中戦争が始まった一九三七年なので、このシーンは未来を描いたシーンである。

どちらも「これから戦争が起こる」という事実が散文的に示されていて、不安な予感を煽る悪夢のようには演出されていない。それは、これから戦争が起きるのは自明のことだからだ。さらにいうと、二一世紀の観客からすると、どちらの戦争も「もう起きてしまったこと」なのである。

「起きてしまったこと」が予言のように事前に示される。それがもっとも具体的に示されているのが、一九三三年の休暇中に、二郎が軽井沢で会った外国人カストルプの台詞である。

カストルプというキャラクターはドイツ人らしいがその正体はよくわからない。内外の情勢に詳しく、ホテルのボーイが近づいてくると警戒する仕草を見せ、当たり障りのない話題に切り替えることから、スパイであると思われる。特派員やナチス党員を偽装したソ連のスパイ、リヒャルト・ゾルゲがモデルともいわれるが、むしろ当時の日本を〝未来からの視線〟で見通す一種の〝悪魔〟であると考えたほうが、その独特の雰囲気を強調する演出に納得がいく。

カストルプは二郎に、ユンカース社のユンカース博士が「ならずものの集まり」であるナチスとケンカをして、その地位を追われることを教える。そしてカタコトの日本語でこう続ける。

「（軽井沢は）忘れるに、いいところです。チャイナと戦争してる、忘れる。満州国作った、忘れる。国際連盟抜けた、忘れる。世界を敵にする、忘れる。日本破裂する、ドイツも破裂する」

一九三一年に満州事変があり、一九三二年に満州国が建国される。そして一九三三年に日本は、満州を原因として国際連盟脱退を決める。そうした事実を伝えた後、カストルプは「日本破裂する、ドイツも破裂する」と〝予言〟をするのである。さらに加えるとこの言葉は未来予測というより、〝未来からの視線に基づくものだから、このときのカストルプは未来から言葉を託された〝預言者〟であると言ってもいいだろう。

『風立ちぬ』では、実際の戦争を描いたカットは先述の通りひとつしかないが、このように「戦争は起きる／起きたもの」として、映画の様々なところに不穏な予感が散りばめられている。だが神ならぬ身の二郎たちは、予感があってもどうすることもできないのである。

本庄と二郎は、本編で二回、日本の戦争について会話を交わしている。どちらも二郎が「どこと戦うんだろう」とふんわりとした問いかけをすると本庄が皮肉っぽく国名を挙げるというやりとりだ。

一回目のやりとりは、ドイツ来訪時のもので、その時は本庄が「できはすまい」と付け加えている。だが日中戦争が差し迫った二回目のときは二郎が「破裂だな」と応じている。二郎は現実がカストルプの〝預言〟の方向に進んでいるのを認めることしかできない。

「すでに定まっている望まぬゴール」という点で、この「近代化の破産としての戦争」と「結核を患った菜穂子の死」は共通している。『風立ちぬ』は、その選べない状況の中で生きた人間を描こうとした。この決定論的な状況ゆえに、予想される通り一遍の葛藤や迷いはあえて捨象され、その一本道を「どう生きたか」の部分だけに焦点を当て映画は進んでいく。

『風立ちぬ』における戦争は「近代化の夢の破産」の象徴だ。象徴だからこそ戦争の実像を示す細部は描かれていない。『風立ちぬ』における、戦争の象徴化と決定論的な扱いは、個人の戦争体験を超えた「記憶」の時代だからこそ描くことができたということはできる。しかし、映画が念頭に置いているのは「アジア・太平洋戦争の時代に生きた人間」にはなく、より広い「近代化の時代を生きた人間」というところにあり、結果として「記憶」の時代の映画という枠組みからははみ出したものになってしまっている。

なお本作におけるいくつかの飛行機は、風を受けて翼がたわみ、骨格がきしむなどの様子が、手描きの特性を生かしてまるで生き物のように描かれている。人間の音声をベースにした効果音もまた、こうした生物感に寄与している。ここでは「本物を本物らしく」でも「空想のものを本物らしく」でもなく、「アニメーションとして息づかせることで〝本物らしさ〟を実感させる」という方向で存在感を付与している。これは非常に独特なアプローチで、本作の大きな特徴といえる。図4‐1でいうなら、大多数のアニメの「空想のものを本物らしく」のベクトルよりも、さらに「記号＝アニメ」寄りで、機械という具象の向こうに隠れている抽象的な生命感が、アニメの力によって映像化されている。

戦争責任をめぐる批判

映画が公開されると、兵器の設計技師という点で戦争協力者でもある二郎が、自分の仕事に葛藤を見せないという点は様々な議論を呼んだ。

例えばベネチア国際映画祭でコンペティション部門の審査員を務めた音楽家の坂本龍一は、審査の様子などについてこう語っている。

「イタリアの飛行機設計家の登場などが好感を集めた一方、主人公がつくった戦闘機がアジアの人々を殺したり、若い兵隊が戦争で犠牲になったりしたという視点が欠けていたのが気になった。審査員の中には非常にナショナリスティック（国家主義的）な映画と受け取った人もおり、意見は二つに分かれた」（朝日新聞二〇一三年一〇月一八日付夕刊）

また毎日新聞は二〇一三年八月二一日付夕刊の「賛否両論『風立ちぬ』『感動』×『違和感』キーワードは『ピラミッド』」で、以下のような意見を紹介している。

「メディアジャーナリストの渡辺真由子さん（三八）は『宮崎監督のエゴの押しつけという印象を持ち、違和感と後味の悪さが残りました』と辛辣だ。『戦争を肯定する映画ではありませんが』と前置きしつつも『銃や兵器は権力の象徴、破壊や暴力をもたらすものです。二郎はそんな戦闘機の開発に夢を見る。それを描くことに反対ではありませんが、二郎の苦悩を描ききれていないようで疑問を感じます』と手厳しい」

こうした批判に対して宮崎監督は取材の中で以下のように答えている。

「無論、堀越二郎も一人の日本国民としての戦争責任は背負っていますが、一人の技術者が歴史全体に責任を持つ必要はない。責任を問うのはくだらない、と思います」

「曽根さん（引用者注：堀越二郎を補佐した技術者の曽根嘉年）の『作るんじゃなかった』という

気持ちは分かりますが、作らなかったら、もっとつまらない人生だったと思います。映画の中でも言いましたが、飛行機は『美しくも呪われた夢』です。作りたかったものを作って、呪われ、傷を負う。でも、後になって曽根さんは『仕方がなかった』と思ったに違いないんです。そうやって、時代の中で精いっぱい生きた方がいい。これが良くてこれが悪いなんて、時代の中では誰も偉そうに言えないんですから」（どちらも朝日新聞二〇一三年七月二〇日付朝刊）

この違和感の表明と宮崎の反論のすれ違いは、前者が、二郎の仕事について、作中である種の社会的評価が下されているべきだと考えているところから生まれている。しかも、その評価の基準は「記憶」の時代にふさわしい戦後的価値であることが前提になっている。

しかし、宮崎はそのようには考えていない。戦場で飛ぶことのなかった逆ガルウィングの九試単座戦闘機と、戦場に行ったきり帰ってこなかった零式艦上戦闘機。映画の中の設計者としての二郎の人生は、その二機を作れたことがすべてで、社会的評価は関係ない。宮崎の言う「時代の中で精いっぱい生きた方がいい」という主張は、司馬が『坂の上の雲』一巻のあとがきで記した「（秋山兄弟は）この時代のごく平均的な一員としてこの時代人らしくふるまったにすぎない」という一文と通底しあって、「その時代に生きた人間を描く」という姿勢を明確にしている。

それは「日本の戦争」についてというより、諸外国が国家が近代化する過程で帝国主義が台頭する以上、戦争は避けられなかったという、もっと枠組みの大きな話だ。そんな大きな枠組みの中で「時代の平均的な一員」の人生を描くときに、そこに現代の価値観での裁断や、それに対するエクスキューズのような苦悩を描くことは不要と宮崎は考えているのだ。その代わりカプローニに「飛行機は美しく呪われた夢だ」という言葉で、二郎の仕事を総括させているのである。

『風立ちぬ』の描く「人は時代の中で精一杯生きることしかできない」という内容は確かに一面の真実である。ただそれは危うさも孕んでいる。

例えば映画監督の伊丹万作は「戦争責任者の問題」の中で「だまされたものの罪は、ただ単にだまされたという事実そのものの中にあるのではなく、あんなにも造作なくだまされるほど批判力を失い、思考力を失い、信念を失い、家畜的な盲従に自己の一切をゆだねるようになってしまっていた国民全体の文化的無気力、無自覚、無反省、無責任などが悪の本体なのである」と記した。これもまた「時代の中で精一杯生きる」ことの一断面である。表層的に「時代の中で精一杯生きる」を肯定してしまうと、この陥穽に足をとられてしまう。これはハンナ・アーレントが『エルサレムのアイヒマン』（みすず書房）で指摘した、「命令に従っただけ」と非人道的行為を行ってしまう「凡庸な悪」の問題にも通じる。

「時代の中で精一杯生きる」ということと「一生懸命生きているつもりが時代に流されている」の間にはどのような境界線があるのか。『風立ちぬ』では「時代」という枠組みと、二郎の〝芸術家〟としての「業」を強調したことで、その境界線が見えなくなっている。『パトレイバー2』がリアリストであることを強調して、その先にある政治性に触れなかったように、『風立ちぬ』もまた作品の主題が強調されることで、別の側面が見えなくなっている。映画としてはそれでよいが、現代に生きて時代を作っている各個人が時代から逃れえないという形で、自分を免罪してしまうロジックと紙一重であることは、意識する必要がある。

この「当時を生きた人間を、現在の価値観に照らし合わせて〝正しく〟描いていいかどうか」という問題は、『この世界の片隅に』の内容にも関わってくる。

さて、最後に改めて戦争を描いた一カットに触れておこう。このカットでは、黒煙のはるか上空に、白い飛行機雲を引いた飛行機たちが描かれている。このはるか高いところを飛ぶ飛行機たちは、『紅の豚』の一シーンを思い起こさせる。

『紅の豚』は一九二〇年代のイタリアが舞台である。作中に主人公ポルコ・ロッソが第一次大戦に従軍中に体験したことを語るシーンが出てくる。戦闘中に気を失ったポルコが目を覚ますと、そこは雲の上。上空を見上げると、目が覚めるような青空に〝雲〟が伸びており、それは無数の飛行機が群れをなしているのだった。気がつくと、そこにポルコの僚機も加わっていく。それはロアルド・ダールの短編「彼らは年をとらない」（『飛行士たちの話』所収）に想を得たと思われるシーンだ。

『風立ちぬ』の白い飛行機雲は、ポルコがみたこの〝飛行機たちの墓場〟のバリエーションといえる。そしてそれは次のシーンで登場し、「一機も帰ってこなかった」と二郎が語る、零戦たちの最終的な姿でもある。美しくも死んでしまった飛行機と、街を焼く現実の飛行機とがコントラストを描き、そのまま「美しくも呪われた夢」である飛行機を体現するシーンになっている。

また、このシーンの黒煙と燃え盛る炎は、実は序盤の関東大震災のシーンの煙と炎を使いまわしている。つまりこの映画の主要な部分は二つの巨大な黒煙に縁取られている、ということができる。それはそのまま、大正デモクラシーの終焉から太平洋戦争の終わりまで——それはつまり二郎の青年から壮年までの約二二年——であり、時代と人生の並走を意識させる額縁として二つの黒煙が置かれているのである。

徹底した考証をもとに画面を作る

戦争を一カットで象徴的に描いた『風立ちぬ』に対し、『この世界の片隅に』が描く戦争は非常に具体的だ。もともと原作自体が丁寧に時代考証がなされた作品だが、映画はそこからさらに踏み込んで考証を徹底している。監督の片渕は考証を徹底した理由について、世界の片隅に生きているすずという人物にリアリティを感じてもらうには、世界そのものがリアリティをもって描かれていなくてはならない、と様々なところで発言している。

なお『この世界の片隅に』は、最初の映画化ではカットされた原作のシーンを新作し、三〇分以上も長い新たな映画『この世界の（さらにいくつもの）片隅に』として二〇一九年に改めて公開されているが、戦争にまつわるシーンやその描き方については大きな違いはないので、ここでは『この世界の片隅に』に基づいて話を進めていく。

映画は一九三三年（昭和八年）一二月に、まだ幼いすずがお使いで、広島の中心街である中野本町を訪れるシーンから始まる。なんていうことのない戦前の地方都市の風景で、戦争とは無関係なように見える。だが、この川の三角州の上にできた町は、一九四五年（昭和二〇年）に原子爆弾によってやがて消えてしまう町なのである。

『この世界の片隅に』は、この中島本町を徹底的な考証で描き出した。まず、昭和八年の地図からどの位置にどの店があるかを確認する。それと並行して、できる限りの写真資料を集める。市史編纂室などにある写真は、それほど細かく整理されていないので、集めた写真がそれぞれ何年ごろに撮影されたものかを、地図に記載された店名などと照らし合わせながら確認する。そうやって写真一枚ずつ「撮られた年代」と「どの位置からどう撮ったのか」を確定していく。そしてそれをもとに町並みの風景を想定し、背景原図（レイアウト）を描く。

写真ではわからなかったところ、写真には写っていなかったところなどについては、当時のことを知っている人に取材をして、さらに背景原図を修正していくのである。これはこの中島本町に限って行われたことではなく、映画の主要な舞台となる呉の町並みについても同じような工程を経て描かれている。

また中島本町のシーンでは、商店の店先などにそこで働く人々の姿も描かれている。これも当時の家族写真などを参考にしたものだ。中島本町は原爆で燃えてしまったが、学童疎開で家を離れていた――つまり原爆で家族を失った――子供たちの中に家族写真を持っていたものがおり、そうやって現代に残った写真を参考に描いた人物もいるという。つまり冒頭の昭和八年の光景は、戦争で消えてしまった町の在りし日の姿が、戦後七〇年を越えて制作されたアニメーションであるにもかかわらず、そこにしっかりと記録されているのである。

映画には、当時の手記の内容も反映されている。例えば、すずの舅、円太郎の職場である海軍第一一航空廠には、建物を出たところに大きな酒樽が置かれている。これは当時第一一航空廠で働いていた人の手記に、防火用水用に地元の造り酒屋、千福の醸造樽が置かれていた、と書かれていたことを反映したカットだ。また敗戦を迎えた後、呉の軍港にいる駆逐艦・椎の乗組員が、灯火管制をやめた家の明かりに気づくカットがあるが、これも実際の椎の乗組員の手記の記述が反映されたものだ。この二つは原作にはない映画オリジナルのシーンである。

考証はすずの周辺だけに留まらない。大和を始めとする、呉の軍港の軍艦の様子も当時の記録を基に描かれている。一九四五年（昭和二〇年）三月一九日の空襲シーンでは、絵コンテに、そこに描かれている米戦闘機が空母バンカーヒルから発進したF4U‐1D（コルセア）で、その一番機のパイロットが誰であったかまで記してある。片渕の調査の範囲はアメリカ軍の記録にまで及んでいるのだ。

こうして積み上げられたディテールを通じて、『この世界の片隅に』では「戦時下」の日常が描かれていく。原作で描かれたエピソードは、すべて何月の何日かが特定されており、映画はその日の天気・気温まで反映して描写が決められている。観客は映像を通じて、あたかもタイムスリップをして、すずと同じ時間を過ごしているように感じることになる。

ここでは、すずの人生を表現するということが核となって、そこに様々な人たちの「経験」や「記録」が集結されていく。そして最終的に、ひとつの大きな記憶が形成されていく。『この世界の片隅に』は、すずの人生を追う形式なので、「証言」の時代の太平洋戦争を描いた作品に近いように見えるが、そのアプローチはむしろ「記憶」の時代ならではのもの、といえる。この傾向は、群像劇の色合いが濃くなった『この世界の（さらにいくつもの）片隅に』においてより明確である。

本作が話題を呼びヒット作となった結果、普段はあまり映画館に足を運ばない、すずと同世代の九〇歳前後の世代も映画を鑑賞することになった。すると興味深いことに、多くの戦時中の空気を知っている世代は、本作を見て「当時はまさにこの通りだった」という感想を語ったという。当時を知る世代は、むしろ本作を「記憶」の時代の作品というより、「状況」の時代の作品として受容したのだ

旧来アニメは、絵であるがゆえに、非現実的なものを描くことに適したメディアだと思われていた。しかしいまやアニメは時代を記録することもできるようになったのである。その点で『この世界の片隅に』の登場は、ここ一五年ほどの間に海外でも制作されるようになった、「アニメーションによるドキュメンタリー」とも呼応する現象だった。

変更された台詞をめぐって

『この世界の片隅に』は基本的に原作をできる限りそのままに制作しているが、大きな変更点のひとつに、クライマックスにおけるすずの台詞の扱いがある。空襲で右手を失ったすずが、

玉音放送を聞いた後の台詞だ。

すずはまず「そんなん覚悟のうえじゃないんかね？　最後のひとりまで戦うんじゃなかったんかね？」「いまここへまだ五人も居るのに！　まだ左手も両足も残っとるのに!!」「うちはこんなん納得出来ん!!!」と感情を爆発させる。ここまでは原作も映画も、言い回しの違いはあれど、意味に大差はない。変更されているのは、その後、家の裏の段々畑に行ってからのモノローグである。

原作のモノローグはこうだ。

「飛び去ってゆく／この国から正義が飛び去ってゆく／……………ああ／暴力で従えとったいう事か／じゃけえ暴力に屈するいう事かね／それがこの国の正体かね／うちも知らんまま死にたかったなあ……」

「ああ」と息を漏らすところでは、民家から太極旗が掲げられているコマが入っている。ただし、それをすずが目にしたかどうかは、コマ運びからはしかとわからない。

シーンの構成からするとすずは山側を見ているのに対し、旗が掲げられる民家は海側にある。また、太極旗がコマ右側に描かれており、次のコマですずはコマ左側のほうを見ており、見るものと見られるものという関係にあるようには見えない。

すずはここで、日本がアジアの各地を占領していた内実を直感的に理解している。端的にいえば「やったからやりかえされた」、暴力に暴力で報いられたのだ、というのが彼女の得た感触だった。一九二五年（大正一四年）生まれのすずにとって、日本が戦争をしているというのは日常だった。一九三一年（昭和六年）の満州事変、一九三七年（昭和一二年）の日中戦争開始、そして一九四一年（昭和一六年）の太平洋戦争開始。戦争とともに成長してきたといってもいい。あまりに当たり前に思っていたことが、「やったからやりかえされた」という形でその根拠を奪われ、その瞬間、国民に命じる内容すら一八〇度変わってしまう。そんな虚構の上に自分の日常がのっていたとは……というショックがすずを襲ったのである。

ここで大事なのは、すずはあくまで直感で理解したのであって、太極旗を見て気づいた、ということ因果関係を作品は示していない、という点だ。すずのいう「暴力」が日本のアジア侵略を含むことは、太極旗とすずの言葉に同時に接することになる「現代の観客」だけが具体的に意識できるものになっているのである。

一方、映画のモノローグはこうなっている。

「飛び去っていく。うちらのこれまでが。それでいいと思ってきたものが。だから、我慢しようと思ってきたその理由が。……ああ、海の向こうから来たお米、大豆、そんなもんでできてるんじゃなぁ、うちは。じゃけえ、暴力にも屈せんとならんのかね。ああ、何も考えん、ボーッとしたうちのまま死にたかったなぁ……」

こちらではすずは、暴力に屈した理由を、直接的に日本の侵略と結びつけていない。片渕はこの変更の理由について、様々なところで答えているが、ここでは二〇一九年一一月三〇日に、テアトル新宿で行われた映画評論家、町山智浩とのトークから引用してみよう。

それまでのすずさん自身が、朝鮮の方に暴力を振るっている場面があったか？というと無いんですよ。そういうところを彼女は目撃もしていない。なのに、すずさんが突然そんなことを言っても、拳を振り上げて戦争反対と言っている姿勢とあまり変わらなくなっちゃうような気がして。僕はもっとすずさんが実感できるもので、自分たちが振るった暴力のことを認識するべきだと思ったんですね。彼女は毎日食卓を整える主婦なので、食べ物がどこから来ていたのかということを知っている立場なんです。だから自分たちがやってきたものを、食べるものを通して本当に根拠のあることとして言えるのではないかなと思ったんです。それと、できるだけ今回の映画では、現代の我々から見た理念みたいなものを、すずさんの上に重ねないようにしようと思ったので、そういう意味でも、彼女は当時の食べていたものから、自分たちの行ったことが身に沁みてしまうとう《ママ》ことにしたかったんです。

「『この世界の片隅に』公式facebook」

片渕のこの回答のポイントは二つある。

ひとつは、すずに「現代から見た理念を重ねない」という点だ。先述した通り、本作はディテールからその世界＝時代を作り出し、そこに観客を立ち会わせようとしていた作品だ。その場合、現代的な視点ですずが戦争を語るという振る舞いは、映画の狙いと合致しない。〝ぼーっとしたところ〟のあるすずが、戦中のインテリのように、ある種の当然の帰結として敗戦を受け止めるのは難しい。

そこを前提にした上で、映画のすずを、原作が描いた〝気づき〟に至らせるには、すずの生活実感を通じて描くのが一番であろう、という判断である。原作よりも、より「時代の中の個人」という立場を意識した変更といえる。

これと同じ趣旨のアレンジは映画の序盤、夫の周作と一緒に大和を見るシーンでも行われている。原作のすずは、特に大和についてコメントをしていない。それに対し、映画では周作から、二七〇〇人が乗り組んでいると聞いて、「あんなところで、そんとにようけの人らに毎日ご飯作っとるん？　洗濯は？」と、自分の普段の家事に引きつけて、その大きさを理解しようとしているのである。

また映画も原作同様、すずの台詞の間に、民家の間に太極旗が立てられるカットが存在している。もちろんこちらもすずは山側を見ており、太極旗を見たようには演出されていない。物語の序盤に出征する兵士を見送るときにのぼりが立てられるカットがあり、絵コンテでは、太極旗を立てるカットは、そののぼりのカットと同じ場所を捉えていることが記されている。台詞では、食べ物がどこから運ばれてきたかを語りながら、映像では朝鮮と日本の関係を点描するようにカットを重ねる予定だったのだ。

最終的に完成した映画では、太極旗が立てられるのは山の麓に立ち並ぶどこかの民家、とだけわかるようになっており、のぼりのカットとの連続性はなくなっている。だが変更後も、当たり前と思っていた風景の中に、独立を願う植民地出身の人間が暮らしていた、という意味合いそのものは変わらない。またすずの台詞と太極旗に同時に触れる「現代の観客」だけが、その意味合いを深く知ることができるという組み立ては原作を継承している。

戦争という主題に鋭く切り込む台詞がよいか、それとも地に足がついた範囲で「その時代を生きた個人」らしく描くのか。これは「記憶」の時代にあって、当時を生きた人間をどう描くか、ということにまつわる本質的な問題といえる。

「被害」と「加害」の関係

福間良明『「反戦」のメディア史』（世界思想社）が指摘するように、アジア・太平洋戦争を扱った小説や映画は、戦争を「わかりやすい」形で物語化して語ってきた部分が少なからずある。それは子供向け作品でいうなら「かわいそう」という部分に力点を入れた語り口であり、この「かわいそう」を通じて戦争体験を継承しようとする方法は、もはやクリシェ（紋切り型の表現）となっている。

原作『この世界の片隅に』は、このクリシェから距離をとって、こうの史代のいうところの「生活（ギャグ）漫画」の語り口で物語を進行させた作品である。本作はそういう意味で、先行作に対するカウンターの立ち位置にある。このため結果として原作は、作品の本質とは別に「反戦ものではない」「反戦ものらしからぬ」という受け止められ方もした。そして原作の精神を受け継いだ映画も、このユーモアを含んだ語り口と、「反戦ものらしからぬ」という評価も受け継ぐことになった。

では、こうのは、どのようなさじ加減で戦争中のことを描こうとしたのか。戦争責任の扱いについてたずねられ、こうのは以下のように答えている。

「そこはいちばん気を使った部分でした。戦時中の資料を調べると、竹やり訓練でトルーマンとかチャーチルに見立てた的を刺したり、紙に描いてわざわざそこを踏んで歩くようにしたり、という描写があるんですけれど、そういう特定の誰かを糾弾する様子は排除しました。というのも、庶民は自分たちが悪いという罪の意識も責任感もないまま、簡単に戦争に転がってしまうことがありうることを、いまの時代に伝えなくてはいけないと思ったのです。そういうのを入れちゃうと『この時代の人はこういうことをやっているからダメなんだ』と思って終わりなんですよ。（略）彼らが特別ではないということを表現するために、あえてそこは描かないと決めていましたね」

「またそれは、日本の加害についても同様です。中国とか韓国に対して日本軍がやったことや差別みたいなのが入っていないと文句を言う人がいるんですけれども、そこらへんを描くと、かえって嘘になっちゃう部分があるんですね。実際、一つの場所に閉じ込められて働かされていた人たちと交流したり、自分だけがその人たちと仲良くしてみんなからいじめられました、私だけは悪くありません、みたいな逃げは作ってはいけないと思ったんです。それは結局免罪符っていうか、現代人の逃げや甘えでしかないような気がします。そういう資料をなるべく入れないようにすることには、けっこう気を使いました」（福間良明、山口誠、吉村和真編著『複数

の「ヒロシマ」』青弓社）

さらにこうのはこのインタビューで、自分のやり方で戦争を描こうと考えていたとも語っている。そのうちのひとつの工夫が「何回も読んでもらえるように作る」「親しみがもてるようにキャラクターを描く」ということだったという。以上のような微妙なバランスをとった結果として、すずというキャラクターは、読者に我がことのように感じてもらいつつ、その中に当時を生きた人の日々の感情を息づかせる、という形で描かれることになった。これがもっとキャラクターを突き放して描くタイプの作家であったら戦略も変わったであろうし、描かれる内容も変わったであろう。

『「反戦」のメディア史』の終章「『反戦』の世論と輿論」で、福間は岩松繁俊の『反核と戦争責任』（三一書房）から次の一節を引用する。岩松繁俊は一九二八年に生まれ、一九四五年八月九日に長崎で被爆。一九五二年に東京商科大学（現一橋大学）を卒業後は、バートランド・ラッセルの研究者として長崎大学で長く教鞭をとり、一九九七年から二〇〇七年まで原水禁国民会議議長を務めたという人物である。

> 被害者としての立場を徹底的におしすすめてゆけばどうなるだろうか。
> 被害者としての立場をとことんまで追求してゆけば、ふたつの局面にぶっつ《ママ》かざるをえなくなる。ひとつは、他国の被害者との共通性の認識である。そしていまひとつは、いたましい被害者をうみだした加害者の存在への認識である。前者は戦争被害者

としての共通認識による国際連帯の自覚であり、後者は被害者認識の極限における加害者認識への意識の転換である。

この一文を受けて福間は次のように記す。

「岩松は、戦後日本の『反戦』の語りのなかに、『被害者としての意識の薄弱が加害者としての意識と認識の薄弱さをうむ』というパラドックスを見ていた。このような視座は、これまでに『加害』と『被害』の二項対立図式が論じられるなかで、往々にして見落とされてきたのではないだろうか。前述のように『被害』の心情への固執を伴わない、『加害』の論理には、かえってある種の危険性がつきまとう。当事者から遊離した政治主義は、いかにそれが『政治的に正しい』ものであろうと、発話の主体はその論理を叫ぶ者の側にあり、当事者は客体にすぎない」

福間はここで、岩松の指摘の上に、「被害」と「加害」を二項対立でとらえると、被害を受けた人間の当事者性、わかりやすい物語に回収することのできない複雑に入り組んだ感情を、「加害の側面がない」という一点だけで塗りつぶしてしまう懸念を書いている。

当然こうのは戦争体験者ではない。だが『この世界の片隅に』のすずは、それまであった「かわいそう」のクリシェから脱し、戦争の時代を生きた人間のさまざまな感情を描くために造形されたキャラクターであり、そういう点では「当事者として息づかせる」ことを狙って生まれたキャラクターだった。映画の徹底した細部へのこだわりは、その当事者性をさらに際立たせていた。

だからこそ岩松の指摘した通り「被害者認識の極限における加害者認識への意識の転換」が、すずに訪れたのだ。そしてすずの中では、二項対立を超えて、被害者である自分と加害国の国民であることが共存することになる。少なくともそういう形で『この世界の片隅に』には、「記憶」としては欠かすことのできない、戦争の「加害者」としての要素が織り込まれたのだ。


「近代化」という大きな枠組みのなかで戦争を扱った『風立ちぬ』。銃後の庶民に寄り添うことで当時を生きた人の感覚を蘇らせようとした『この世界の片隅に』。どちらも、それぞれの作品なりに、非常に考えられた上で制作されている。だが、「記憶」の時代に「アジア・太平洋戦争、日中戦争を描く」という観点からすると、どちらも変化球であることもまた事実だ。今後、この二作の先に、「記憶」の時代にふさわしい「アジア・太平洋戦争」像を直球で描こうとする作品は登場するだろうか。

ある表現の成熟を測るときに「自らの自画像を描くことができる」という観点は非常に重要である。自分たちはどのような存在であるかを、その表現を通じてちゃんと語ることができるか。できるならそれは「あこがれ」はあっても「うぬぼれ」ではないほうがいいし、「正直」ではあっても「卑下」ではないほうがいい。その点で日本のアニメの表現力は十分に成熟しているといえる。ならば機会と環境が許しさえすれば、「記憶」の時代を踏まえた「アニメと戦争」の関係が新たに描かれるときはきっと来るはずだ。

おわりに

戦中から二一世紀まで、様々な「戦争」を扱ったアニメを取り上げて、それぞれがどのような手つきで「戦争」と向かい合ったかを考えてきた。それぞれの作品が描いたことは本文で書いたので、最後は、描かれなかったことから書き始めよう。

アジア・太平洋戦争についていうと、中国大陸での出来事に言及する作品がほとんどなかった。

そんな中、第九章で取り上げた通り『閃光のナイトレイド』は珍しく、日中戦争直前の上海と満州を舞台にした超能力アクションもので、歴史上の出来事も絡んでくるという趣向の作品だった。

しかし満州事変を描く第七話「事変」はTV放送されず、当時としては珍しい公式サイトでストリーミング配信を行うという変則的な形でしか発表されなかった。当初は放送を予定していたにもかかわらず、急遽配信になったという経緯から想像するに、TVアニメで満州事変を取り上げるということが〝政治的〟に過ぎて、なんらかのクレームがつく可能性を恐れたのであろうと想像できる。同作は「背景となった時代の歴史的事実またはその出来事に対する歴史認識に対し、新しい解釈を試みようとするものではありません」というテロップを掲示していたし、満州事変の描き方が教科書通りの内容でも放送を見合わせたということには、疑問が残る出来事だった。

また、以前には日中戦争の時代の中国大陸を舞台にした幻の映画企画があった。『国境BORDER1939』という作品は、しかた・しんの児童文学『国境』（理論社）を原作に、高畑勲が『火垂るの墓』の後に準備をしていた冒険活劇である。

一九三九年の初夏、京城（現在のソウル）から物語は始まる。京城大予科二年の山内昭夫は、満州で事故死したはずの親友、田川信彦が実は生きている、ということを知らされる。どうして昭夫は失踪したのか。その真実を知るため昭夫は満州へと向かう。やがて昭夫は、満州が知らされていたような「五族協和の王道楽土」ではなく、日本の植民地でしかないことを知る。そして昭夫は、モンゴル王族の遺児をめぐる争いの中に身を投じることになる。

高畑はこの企画の狙いとして「（冒険活劇アニメの）舞台をもう少し現実に引き戻すことは出来ないだろうか」「経済大国となった日本が（中略）過去と同じ道を辿る危険を冒さぬために（中略）あの時代の歴史を若い世代に伝えたいが、まともに扱うと、日本人に否定的な役割しか演じさせられず、ただ気の滅入る映画になりかねない。これを切り抜ける方法はないのだろうか」「あの時代の大陸、朝鮮半島をめぐる複雑なアイデンティティーの問題をとりあげる事によって、いま必要とされる日本人の国際感覚について考えるきっかけを与えられないだろうか」という三点を挙げている。

しかしこの企画は、一九八九年に天安門事件があったため、中国でロケハンを行うのが難しくなり、流れてしまった。その代わりに高畑の次回作となったのは『おもひでぽろぽろ』（一九九一年）であった。もしこの作品が制作され、『おもひでぽろぽろ』のようにヒットしていたら、アジア・太平洋戦争時代の中国がもっと舞台として取り上げられるようになっただろうか。

ともあれ日本で「戦争」といえば、まず筆頭にアジア・太平洋戦争が挙がる。例えば『ミリタリー・カルチャー研究』（青弓社）に掲載された二〇一五年の調査では、「あなたの戦争のイメージに最も近い戦争（戦争という言葉ですぐ思い浮かべるような戦争）」を自由記述でたずねたところ、七二二人のうち「第2次世界大戦」「太平洋戦争」とする回答が六七・二％（七二二人中四八五人）を占めている。年代別に見ても、「第二次世界大戦」「太平洋戦争」がトップを占めることは変わらない。

第二次世界大戦が終わった後、朝鮮戦争、ベトナム戦争、湾岸戦争と日本に関係の深いものも含めて、世界では様々な戦争があった。しかし日本は幸いにもそれらの戦争の「当事者」になったわけではなかった。だからこそ「当事者」であったアジア・太平洋戦争の存在が、戦後八〇年が近づく今も一貫して大きいままなのだ。

そして、戦争の「当事者」にならずに済んだ長い時間を埋めるように、アニメでは「サブカルチャー化した戦争」が様々に描かれるようになった。本書ではジャンル外なので触れなかったが、怪獣映画もこの「サブカルチャー化した戦争」のバリエーションであった。これがアメリカなどの諸外国（特に戦勝国）のサブカルチャーの中で扱われる様々な戦争とどう違うのかについては、本書の枠を超えるので深入りはしないが、興味深いテーマだと思う。

そういう意味で、二〇一六年の新千歳空港国際アニメーション映画祭で見た『バトル・オブ・スラバヤ』(アリヤント・ユニヤワン監督)は印象的だった。インドネシア初の本格的長編アニメという同作は、インドネシア独立に関わる「スラバヤの戦い」にまつわる史実をベースにしつつも、忍者も登場するなど、かなり〝空回り〟した内容で、現地の公開時には史実の扱いについて批判されたというのも納得の内容だった。技術的に稚拙な部分も多く、そういう意味では、意あって力足らずな〝失敗作〟というのが一番わかりやすい言い方だろう。

だが、ここにある戦争の描かれ方は、見覚えのあるものなのだ。「自分たちの歴史をアニメで子供に伝えるぞ」という〝自画像〟への意識がある一方で、「サブカルチャー化した戦争としてエンターテインメントにしたい」という欲望も透けて見える。この矛盾する二つが一本の映画に同居してしまったためにチグハグになってしまったが、その根っこにある欲望を考えたとき、少なくとも日本の観客はこれを簡単に笑うことはできないと思う。

一方で世界では、第二次世界大戦後に起きた戦争について「当事者」の視点から語られたアニメ映画もある。これはアジア・太平洋戦争からの距離が作品の内容に影響してきた日本からは失われてしまった視点でもある。

二〇〇八年に公開されたイスラエルのアニメ『戦場でワルツを』(アリ・フォルマン監督)は、一九八二年にイスラエル軍がレバノンに侵攻したレバノン戦争を扱っている。監督のアリ・

フォルマンは、当時一九歳で、イスラエル国防軍の歩兵としてこの戦争に参加していた。二〇〇六年になり、アリ・フォルマンは従軍中に起きた、サブラ・シャティーラの虐殺の夜を覚えていないことに気づく。

彼は、当時レバノンの首都ベイルートにいたさまざまな人と対話を重ねて、自分の記憶に迫っていく。そして彼が虐殺の夜の記憶を取り戻すと、画面は虐殺の様子を伝える実際のニュース映像に移り変わり、映画は締めくくられる。

レバノン戦争は、イスラエルがＰＬＯ（パレスチナ解放機構）を撤退させるためにレバノンに侵攻したという出来事だ。イスラエルにはレバノンを親イスラエル国家にしようという狙いがあったが、新大統領が暗殺されたことで、その狙いは失敗に終わる。この暗殺をＰＬＯ残党の犯行とみなした民兵組織「レバノン軍団」はパレスチナ人への報復を目的に一九八二年九月一六日夜にパレスチナ難民キャンプに突入して、虐殺を行った。これがサブラ・シャティーラの虐殺で、イスラエル軍は直前に照明弾を発射して、レバノン軍団の要請に応えたのだ。映画ではフォルマンを含め、当時のイスラエルの兵士たちが、照明弾を打ち出す姿が描かれている。

封印されていた記憶を取り戻したフォルマンは、それにより「当事者」である自分もまた取り戻すのである。そこに答えはなく、だからこそこの映画はアニメではなく、実写による事実を示して終わるしかなかったのだ。

『ペルセポリス』（二〇〇七年）は、マルジャン・サトラピの半自伝的バンド・デシネ『ペルセポリス』を自身がアニメ映画化した作品だ。主人公のマルジは、一九七八年のイランのテヘランに住む九歳の少女だ。ある日、革命が始まり、イラン・イスラム共和国が成立すると戒律が厳しくなり社会の雰囲気が変わっていく。さらにイラン・イラク戦争も始まり、生活は戦時一色に染まっていく。マルジの一家の周辺は共産主義者も多く反体制派なので、その点でも次第に暮らしづらくなっていく。一方、戦時下のテヘランでマルジが祖母と一緒に『ゴジラ』を観るシーンなどもあり、子供の視線から見た日々の喜怒哀楽も記されている。しかし両親は意を決して、一四歳になった彼女の安全を考えウィーンへと留学させることにする。そして、そこからマルジの青春の彷徨が始まる。子供ではあるが、戦争の影響がその人生に抜き難くあるマルジは確かに「当事者」なのだ。

戦争が子供を当事者にしてしまうという作品というと『はちみつ色のユン』（二〇一二年）もある。これは韓国系ベルギー人であるユン監督が、自伝的バンデシネ『肌の色：はちみつ色』をもとに制作した映画だ。

朝鮮戦争後の韓国では、多くの戦災や貧困によって、二〇万人を超える孤児が国際養子としてさまざまな国で暮らすことになった。五歳まで路上で暮らし、ベルギーで養子となったユン監督もそのひとりだ。戦争そのものが描かれるわけではないが、朝鮮戦争の影響下にある「当事者」の物語でもある。

『ペルセポリス』のマルジは一九六九年生まれ。『はちみつ色のユン』のユンはおそらく一九六五年生まれであろう。日本であれば『宇宙戦艦ヤマト』や『機動戦士ガンダム』の洗礼を受ける世代だが、世界には「当事者」にならざるを得なかった子供もいるのだ。

もし今再び日本が「当事者」となったとき、アニメは新たに「当事者」としてその戦争を描くだろうか。あるいはSF設定の中に、その当事者性を忍ばせて昇華するだろうか。もちろん「当事者」になるような事態を避けられるぐらい私たちが賢くいられるのが一番ではあるのだが。

僕は一九六八年生まれだ。子供の頃に『宇宙戦艦ヤマト』が好きになり、九歳で見た『さらば宇宙戦艦ヤマト　―愛の戦士たち―』の悲壮美にすっかりやられてしまった。家にあったバドミントンのラケットを二つ抱えて、作中の斎藤始というキャラクターがライフルを構えているシーンを真似てよく遊んだことを覚えている。父は『さらば宇宙戦艦ヤマト』のラストの特攻を見て、「古いなぁ」と語っていた。一九四一年生まれで、理科教諭だった父にとっては精神主義は「過去の遺物」だったのだ。

父は、リアルな鉄砲の玩具などに厳しく（銀玉鉄砲ぐらいなら問題はなかったが）、僕はミリタリー趣味的なものとは縁遠く育った。だから僕にとっては『ヤマト』から始まって『機動戦士ガンダム』『超時空要塞マクロス』と続いていく、アニメの中での「戦争」が一番身近な戦争だった。一方で本文中でも触れた通り、僕の子供時代は、アジア・太平洋戦争や、その中でも原爆を扱った児童文学が広く読まれていた時代で、そちらもまた確実に〝戦争体験〟であった。原作を読んでから劇場に足を運んだ『太陽の子』は非常に鮮明に記憶に刻まれている。

だから本書執筆は、自分の〝戦争体験〟が戦後の児童文化やサブカルチャーの中でどんな位置を占めているのか、そこを見つめ直す作業でもあった。

「アニメと戦争」というテーマを具体的に原稿にしたのは、一五年ほど前に雑誌『グレートメカニック』に小文を書いたのが最初だ。そこでは、それまで考えていた『宇宙戦艦ヤマト』から『機動戦士ガンダム』への転換を中心に扱った。その後、このテーマでもっと長いものを書きたいと思い、企画書をまとめたりもしたが、その時点では戦中から現在までを貫く大きな視座に欠けているという自覚もあった。そしてそのままずっとこの企画は保留のままになっていた。

突破口となったのは、成田龍一の『「戦争経験」の戦後史』（岩波書店）を読んだことだった。本文で何度も触れたが、同書に記された「状況」「体験」「証言」「記憶」という戦争の語りの変化を、全体の背骨にすることで、アニメの歴史を追いかけることができるのではないかと考えたのだ。

それを実行したのが二〇一七年から二〇一九年にかけて朝日カルチャーセンター新宿教室で行った講座「アニメと戦争」だ。このときは、間をあけながら全四回で戦中から現在までをフォローした。そして、このレジュメをもとに雑誌『グレートメカニックG』で二〇一八年から二〇二〇年にかけて全八回の連載を行った。「僕たちの好きなアニメの戦争」というタイトルで連載したこのときの原稿は、本書のベースとなっている。発表の場を与えてくれた朝日カルチャーセンター新宿教室の担当、『グレートメカニックG』編集部にまずお礼をいわなくてはならない。

とはいえ八万字分の原稿はあるものの、それを一冊の書籍にまとめようとしてみると、いろいろ欠けている部分が多いことがわかった。そこで構成を立て直し、各章のテーマが明確になるように、ひとつひとつ書き直していくことになった。その過程で新たに加わった要素も多く、最終的にできあがった本書には、もとの原稿の面影ぐらいしか残らないことになった。この企画を引き受けてくれ、原稿を待ち、さらに解像度が上がるように細かく指摘をしてくれた日本評論社の小川敏明さんにも感謝の意を表したい。

またカバーに「ザク（戦争画RETURNS番外編）」の使用許可をくださった会田誠氏、帯に一文を寄せてくださった富野由悠季監督にも大きな感謝を捧げたい。お二人のおかげで本書の顔つきが定まりました。

願わくば次の書籍で読者の皆さんと再会できますように。

二〇二〇年八月一五日　藤津亮太

最古の記憶が満州からの引揚船の中だという父に

参考文献

成田龍一『「戦争経験」の戦後史―語られた体験／証言／記憶』岩波書店、二〇一〇年

山口且訓、渡辺泰『日本アニメーション映画史』有文社、一九七七年

中久郎編『戦後日本のなかの「戦争」』世界思想社、二〇〇四年

Web現代「ガンダム者」取材班編『ガンダム者　ガンダムを創った男たち』講談社、二〇〇二年

一ノ瀬俊也『戦艦大和講義―私たちにとって太平洋戦争とは何か』人文書院、二〇一五年

福間良明『「反戦」のメディア史―戦後日本における世論と輿論の拮抗』世界思想社、二〇〇六年

高畑勲『映画を作りながら考えたこと』徳間書店、一九九一年

はじめに

寺山修司『寺山修司名言集―身捨つるほどの祖国はありや』PARCO出版、二〇〇三年

「人口推計（二〇一八年一〇月一日現在）」総務省、二〇一九年 https://www.stat.go.jp/data/jinsui/2018np/pdf/gaiyou.pdf

1

足立倫行『妖怪と歩く―ドキュメント・水木しげる』文春文庫、一九九七年

『1週間』編集部編『アニメ版ゲゲゲの鬼太郎完全読本』講談社、二〇〇六年

2

セバスチャン・ロファ（吉永真一、中島万紀子、原正人訳）『アニメとプロパガンダ―第二次大戦の映画と政治』法政大学出版局、二〇一一年
「日本アニメーション映画クラシックス」https://animation.filmarchives.jp
古川隆久『戦時下の日本映画―人々は国策映画を観たか』吉川弘文館、二〇〇三年
持永只仁『アニメーション日中交流記―持永只仁自伝』東方書店、二〇〇六年
『クリエーターたちのDNA―ニッポンアニメ一〇〇年史』NHK BSプレミアム、二〇一七年一月二八日放送
大塚英志『ミッキーの書式―戦後まんがの戦時下起源』角川学芸出版、二〇一三年
手塚治虫『手塚治虫大全1』マガジンハウス、一九九二年
木村智哉「アニメーション映画『海の神兵』が描いたもの―戦時期国策映画の文脈から」乾淑子編『戦争のある暮らし』水声社、二〇〇八年
萩原由加里『政岡憲三とその時代―「日本アニメーションの父」の戦前と戦後』青弓社、二〇一五年
横田正夫、小出正志、池田宏編集『アニメーションの事典』朝倉書店、二〇一二年

3

成田龍一『「戦後」はいかに語られるか』河出書房新社、二〇一六年
辻真先『TVアニメ青春記』実業之日本社、一九九六年
ハンナ・アーレント（大久保和郎訳）『新版　エルサレムのアイヒマン―悪の陳腐さについての報告』みすず書房、二〇一七年
夏目房之介『マンガと「戦争」』講談社現代新書、一九九七年

小熊英二『〈民主〉と〈愛国〉―戦後日本のナショナリズムと公共性』新曜社、二〇〇二年

4

氷川竜介『宇宙戦艦ヤマト　1974全話解説　ロトさんの本 VOL.42』IRD工房（私家版）、二〇一九年
原口正宏、長尾けんじ、赤星政尚『タツノコプロインサイダーズ』講談社、二〇〇二年
星まこと編著『アニメーション・インタビュー　伝説のアニメ職人たち』まんだらけ出版部、二〇一八年
辻なおき『0戦はやと』上下巻、マンガショップ、二〇〇五年
米沢嘉博『藤子不二雄論―FとⒶの方程式』河出文庫、二〇一四年
鷺巣富雄『スペクトルマンVSライオン丸―うしおそうじとピープロの時代』太田出版、一九九九年
氷川竜介、井上幸一、佐脇大祐「平成24年度　メディア芸術情報拠点・コンソーシアム構築事業　日本アニメーションガイド　ロボットアニメ編」森ビル https://mediag.bunka.go.jp1mediag_wp/wp-content/uploads/2014/03/robot_animation_report_r.pdf
小野耕世「高橋茂人、日本におけるテレビCMとTVアニメの草創期を語る（TCJからズイヨーへの歴史）」『京都精華大学紀要』二六号、一八九―二一三頁、二〇〇四年 1http://www.kyoto-seika.ac.jp/researchlab/wp/wp-content/uploads/kiyo/pdf-data/no26/ono.pdf
安斎レオ編『宇宙戦艦ヤマト伝説』フットワーク出版、一九九九年
丸本大輔「今だから話せる『ガンダム』『ダンバイン』『パトレイバー』生みの親たちのメカデザイナーズサミットレポ」『エキレビ！』二〇一二年一二月一八日 https://www.excite.co.jp/news/article/E1355761977050/

石黒昇、小原乃梨子『テレビ・アニメ最前線―私説・アニメ17年史』大和書房、一九八〇年
『ヤマトよ永遠に…』パンフレット、オフィス・アカデミー、一九八〇年
松本零士監修『宇宙戦艦ヤマト　大クロニクル』グライドメディア、二〇一〇年
『宇宙戦艦ヤマト全記録集　設定　資料版』オフィス・アカデミー、一九七九年
吉田満『戦艦大和ノ最期』講談社文芸文庫、一九九四年

5

氷川竜介、藤津亮太編『ガンダムの現場から　富野由悠季発言集』キネマ旬報社、二〇〇〇年
『機動戦士ガンダム記録全集』全五巻、日本サンライズ、一九七九―一九八〇年
「『アムロ父子の確執は創作ではなかった』　40周年『ガンダム』富野由悠季監督が語る戦争のリアル」『朝日新聞デジタル＆M』二〇一九年一二月二九日　https://www.asahi.com/and_M/20191229/8595254/)
「燃える『ガンダム』人気」『朝日新聞』三月一八日付、一九八一年
「ガンダムのテーマは『再生』だ」『朝日新聞』三月二五日付、一九八一年
「『ガンダム』をめぐって」『朝日新聞』四月一日付、一九八一年
伊藤剛「アジテーションとしてのガンダム―かつて、〝アニメ新世紀〟というものがあった」『【ジー・ツー・オー】ガンダム・トリビュートマガジン』九号、二〇〇〇年

6

高橋良輔『アニメ監督で…いいのかな？―ダグラム、ボトムズから読み解くメカとの付き合い方』KADOKAWA、二〇一九年
高橋良輔「高橋良輔監督旅行記『飛行機雲に誘われて』」二〇一八年 http://www.yatate.net/kiji-

kikaku/t-travel/d00.html
『月刊ニュータイプ』一一月号、二〇一八年（＊原稿には活かさなかった部分での高橋良輔の発言による）
『MACROSS PERFECT MEMORY』みのり書房、一九八三年
『グレートメカニックG』21018AUTUMN、二〇一八年
『月刊ニュータイプ』一〇月号、二〇〇八年
「ゲンダイ人類学（6）　１９８０年代ノスタルジー　まぶしい『最も輝いた時代』」『京都新聞』二月五日付、二〇〇九年
『アニメージュ』一二月号、一九八三年
斎藤美奈子、成田龍一編著『１９８０年代』河出書房新社、二〇一六年
浅羽通明「刈り上げおじさんがコム・デを着て、銀ぶち天才少年とチベットから来た男の登場で始まった」『別冊宝島』一一〇号（80年代の正体！）、一九九〇年

7

舛田利雄、佐藤利明、高護編『映画監督　舛田利雄―アクション映画の巨星　舛田利雄のすべて』ウルトラ・ヴァイヴ、二〇〇七年
『アニメージュ』四月号、一九八二年

8

『ロマンアルバム・デラックス㊸　宇宙戦艦ヤマトⅢ』徳間書店、一九八一年
岩崎稔、上野千鶴子、北田暁大、小森陽一、成田龍一編著『戦後日本スタディーズ③―80・90年代』紀伊國屋書店、二〇〇八年

宮崎駿『風の帰る場所―ナウシカから千尋までの軌跡』文春文庫、二〇一三年
アニメージュ編集部編『ロマンアルバム　イノセンス　押井守の世界　PERSONA増補改訂版』徳間書店、二〇〇四年

9
須藤遙子『自衛隊協力映画―『今日もわれ大空にあり』から『名探偵コナン』まで』大月書店、二〇一三年
「シーラカンス風間の昭和のロボットアニメ製作現場実録レポート　第27回『聖戦士ダンバイン』とクローバーと自衛隊と」『グレートメカニックG』2020SUMMER、二〇二〇年
中村秀之『特攻隊映画の系譜―敗戦日本の哀悼劇』岩波書店、二〇一七年
佐藤卓己編著『ヒトラーの呪縛―日本ナチカル研究序説』上下巻、中公文庫、二〇一五年

10
宮崎駿『スタジオジブリ絵コンテ全集19　風立ちぬ』徳間書店、二〇一三年
宮崎駿『風立ちぬ―宮崎駿の妄想カムバック』大日本絵画、二〇一五年
宮崎駿『続・風の帰る場所―映画監督・宮崎駿はいかに始まり、いかに幕を引いたのか』ロッキング・オン、二〇一三年
司馬遼太郎『合本　坂の上の雲』文藝春秋、二〇一六年
浅羽通明『ナショナリズム』ちくま新書、二〇〇四年
「伝統壊す勇気を評価　『風立ちぬ』意見二分」『朝日新聞』二〇一三年一〇月一八日付夕刊
「賛否両論『風立ちぬ』『感動』×『違和感』　キーワードは『ピラミッド』」『毎日新聞』二〇一三年八月二一日付夕刊

「インタビュー　零戦設計者の夢」『朝日新聞』二〇一三年七月二〇日付
伊丹万作「戦争責任者の問題」『映画春秋』創刊号、一九四八年（引用は青空文庫による https://www.aozora.gr.jp/cards/000231/files/43873_23111.html）
こうの史代『この世界の片隅に』上中下巻、双葉社、二〇〇八―二〇〇九年
「この世界の片隅に」製作委員会『「この世界の片隅に」劇場アニメ絵コンテ集』双葉社、二〇一六年
「映画『この世界の片隅に』公式 facebook」二〇一六年一二月九日投稿 https://facebook.com/konosekai.movie/posts/1264496720279810
福間良明、山口誠、吉村和真編著『複数の「ヒロシマ」―記憶の戦後史とメディアの力学』青弓社、二〇一二年

おわりに

吉田純編、ミリタリー・カルチャー研究会著『ミリタリー・カルチャー研究―データで読む現代日本の戦争観』青弓社、二〇二〇年
藤津亮太「アニメと『戦争』―そのための覚え書き」『グレートメカニック』一八号、双葉社、二〇〇五年

藤津亮太（ふじつ・りょうた）

アニメ評論家。１９６８年生まれ。主な著書に『チャンネルはいつもアニメ』（ＮＴＴ出版）、『プロフェッショナル13人が語る私の声優道』（河出書房新社）、『ぼくらがアニメを見る理由』（フィルムアート社）など。東京工芸大学芸術学部アニメーション学科非常勤講師。朝日カルチャーセンターでの講義なども手がける。

アニメと戦争《せんそう》

2021年2月28日　第一版第一刷発行

著　者　藤津亮太

発行所　株式会社 日本評論社
〒170-8474 東京都豊島区南大塚3-12-4
電話　03-3987-8621［販売］
　　　03-3987-8601［編集］
振替　00100-3-16

印刷所　精文堂印刷

製本所　難波製本

装　幀　木庭貴信+青木春香（オクターヴ）

検印省略

 ISBN978-4-535-58753-3